Sozialpolitische Herausforderungen einer Gesellschaft im Wandel

Sozialpolitische Herausforderungen einer Gesellschaft im Wandel

Festschrift zum 70. Geburtstag
von Prof. Dr. Karl-Heinz Schmidt

Herausgegeben von Oliver Sievering

PETER LANG
Frankfurt am Main · Berlin · Bern · Bruxelles · New York · Oxford · Wien

Bibliografische Information der Deutschen Nationalbibliothek
Die Deutsche Nationalbibliothek verzeichnet diese Publikation in der Deutschen Nationalbibliografie; detaillierte bibliografische Daten sind im Internet über <http://www.d-nb.de> abrufbar.

ISBN 3-631-56093-1

www.peterlang.de

Karl-Heinz Schmidt zum 70. Geburtstag

Dogmengeschichte, Sozialpolitik, kleine und mittlere Unternehmen: Das Interessenspektrum von Professor Karl-Heinz Schmidt ist breit gefächert. Und es bildet sich in der Vielzahl seiner Veröffentlichungen eindrucksvoll ab. Von seinem reichhaltigen Wissen profitiert haben seine zahlreichen Studenten, aber auch seine wissenschaftlichen Mitarbeiter und Doktoranden. Gerade ihnen hat er mit Anregungen und kritischen Nachfragen an manch' kritischer Weggabelung Orientierung gegeben.

Dass das vorliegende Werk entstanden ist, hat indes nicht nur mit seinen profunden fachlichen Kompetenzen zu tun. Sozialpolitische Botschaft und eigenes Handeln, bei Karl-Heinz Schmidt greift beides glaubwürdig ineinander. Es ist seine persönliche Art, seine konsequente Fairness, kurzum: seine Menschlichkeit, die den Autoren die vorliegende Festschrift zu einem besonderen Anliegen hat werden lassen. Sie möchten ihm auf diesem Wege noch einmal Dank sagen für all das, was sie in seiner Wirksphäre gelernt und erfahren haben. Sie hoffen sehr, dass die mittlerweile fest institutionalisierte „Schmidt-Runde" noch lange Bestand haben wird und dass dort noch manch' spannende Diskussion mit ihm geführt wird.

Lieber Herr Schmidt, herzliche Glückwünsche zu Ihrem 70. Geburtstag!

Ulrich Kazmierski

Detlef Landmesser

Klaus Schafmeister

Oliver Sievering

Andreas Wiendl

Michael Wüstenbecker

Inhaltsverzeichnis

Einleitung

Die Beiträge dieser Festschrift zum 70. Geburtstag von Professor Dr. Karl-Heinz Schmidt widmen sich dem Leitthema „Sozialpolitische Herausforderungen einer Gesellschaft im Wandel“. Die Beiträge spannen ein breites Spektrum auf. In der Vielfalt der widergespiegelten Gedankengänge und dargestellten Auffassungen besteht indes stets ein verbindendes Element: Sämtliche Autoren dieser Festschrift wurden während ihres Studiums der Volkswirtschaftslehre maßgeblich durch die sozialpolitische Grundeinstellung von Professor Dr. Karl-Heinz Schmidt geprägt. Die Themenbreite dieser Festschrift ist auch vor allem dem breiten Interessenspektrum des Jubilars geschuldet. Sie umfasst sowohl Inhalte mit historischem wie auch mit aktuellem Bezug.

Zunächst wirft Detlev Landmesser einen Blick zurück in die Antike und zeigt, welche ganz eigenen Wege die erste Demokratie der Welt zur Lösung sozialer Herausforderungen beschritt. An Stelle eines „sozialpolitischen“ Gesamtkonzeptes entwickelten die Athener mehrere bemerkenswerte Einrichtungen, denen ein direktes Solidarverhältnis zwischen dem Einzelnen und der Gemeinschaft zu Grunde lag. Der Solidargedanke der Polis stieß jedoch an seine Grenzen, als die auswärtigen Einkünfte der Athener versiegten – mit weitreichenden Folgen.

Eine historische Perspektive nimmt auch der Beitrag von Andreas Wiendl ein. Anhand der wichtigsten historischen Epochen wird zunächst dargestellt, inwieweit zwischen ökologischen und sozialen Belangen Wechselwirkungen bestehen. Hierbei geht der Beitrag ausführlich auf die Aussagen von Ökonomen der Klassik ein, welche die Problematik eines stationären Zustandes behandeln. Im zweiten Teil seines Beitrages vollzieht der Autor einen Brückenschlag in die Gegenwart, indem das Werk des amerikanischen Ökonomen William A. Kapp gewürdigt wird, dessen Theorie der Sozialkosten als eine der Wegbereiter des Nachhaltigkeitsgedankens gilt.

Mehr Zivilgesellschaft, mehr bürgerschaftliches Engagement, mehr sozialer Gemeinsinn: Wer könnte in einer sich zunehmend individualisierenden und atomisierenden Gesellschaft solch’ eindringlichen, augenscheinlich Gemeinwohl orientierten Forderungen ernsthaft widersprechen wollen? Wenn indes unter Konsolidierungszwängen stehende politische Entscheidungsträger den sozialen Gemeinsinn und die Entmündigungsrisiken des Wohlfahrtsstaates beschwören, scheint Wachsamkeit geboten. Kommunitaristische Programmatik eignet sich nämlich im politischen Diskurs einen sozialstaatlichen Rückzug zu rechtfertigen. Das können rationale, am Wahlziel orientierte Politiker nicht ignorieren. Aber besteht zwischen den Steuerungssphären Staat und Zivilgesellschaft tatsächlich ein substitutives Verhältnis? Dieser Frage geht Michael Wüstenbecker am Beispiel der Einkommensumverteilung und dem hierbei virulenten Motivspektrum nach.

Unterschiedliche Motivspektren im Gesundheitswesen beleuchtet Ulrich Kazmierski, der seinen Beitrag mit einem Märchen beginnt, das von einem medizinischen Versorgungsparadies handelt, das in Finanzierungsschwierigkeiten gerät. Gibt es für den König und sein Volk eine >märchenhafte< Lösung? Die Wirklichkeit: Die deutsche Gesundheitspolitik reformiert mit einer „Effizienzkur" das deutsche Gesundheitssystem. Damit soll nicht nur die Effizienz der medizinischen Leistungserstellung, sondern auch die verteilungsgerechte Zuordnung von Gesundheitsleistungen gesteigert werden. Der Beitrag überprüft, ob diese Annahme von der Zielharmonie zwischen Effizienz und Verteilungsgerechtigkeit angesichts der realen Entwicklungen im Gesundheitssystem plausibel ist. Insbesondere werden Antworten auf drei Fragen erarbeitet: (1) Wenn Effizienzsteigerungen bei der medizinischen Leistungserstellung dazu führen, dass mehr Menschen medizinisch versorgt werden können, ist damit notwendigerweise eine Verbesserung der Verteilungsgerechtigkeit erreicht? (2) Wenn im deutschen Gesundheitssystem die Rationierung von notwendigen medizinischen Leistungen unvermeidlich ist, liegt dann nicht ein Trade-off zwischen Effizienz und Verteilungsgerechtigkeit vor und widerspricht dies nicht der Annahme von der Zielharmonie? (3) Wenn im Gesundheitssystem nur die implizite Rationierung medizinischer Leistungen politisch zugelassen wird, ist Verteilungsgerechtigkeit dann überhaupt noch realisierbar? Die Antworten auf diese Fragen lassen nicht nur eine Einschätzung der bisherigen Gesundheitspolitik zu, sondern ermöglichen auch deutliche Hinweise darauf, wie das kontradiktorische Verhältnis von Effizienz und Verteilungsgerechtigkeit im Gesundheitssystem optimiert werden kann. Ob das Märchen ein Happy-End erfahren wird, entscheiden letztlich der König und sein Versorgungsparadies-Minister.

Nicht nur das Gesundheitswesen, sondern auch das deutsche Ertragsteuersystem gilt als renovierungsbedürftig. Die Bundesrepublik Deutschland belegt im internationalen Vergleich hinsichtlich der Kategorie „Effizienz des Steuersystems" den letzten von 102 Plätzen – hinter Haiti, Angola und Burkina Faso. Prinzipien wie Besteuerung nach der Leistungsfähigkeit, der Widerspruchsfreiheit oder der Gleichheit im Vollzug werden durch zahlreiche Lenkungs- oder Sondernormen durchbrochen. Aufgrund vielfältiger Vorschriften gilt das deutsche Steuerrecht nicht nur als äußerst ineffizient, es gilt auch als zu teuer. Die Steuersätze werden als Manko für die internationale Wettbewerbsfähigkeit der deutschen Wirtschaft gesehen. Sorgen bereitet die in den vergangenen Jahren zu beobachtende Neigung vieler Unternehmen, ihre Produktion ins Ausland zu verlagern. Neben hohen Arbeitskosten wird auch die vergleichsweise hohe Steuerbelastung der in Deutschland erzielten Gewinne dafür verantwortlich gemacht. Deshalb, so wird von vielen Seiten gefordert, müsse die Steuerlast reduziert werden, zumal befürchtet wird, dass der zu beobachtende Trend der Produktionsverlagerung weiter anhält, denn eine Vielzahl von Ländern, insbesondere osteuropäische Staaten, haben in den vergangenen Jahren ihre Unternehmenssteuern massiv gesenkt. Dies verleitet Unternehmen nicht nur dazu, ihre mobilen Faktoren, sondern verstärkt auch ihre Gewinne ins Ausland zu verlagern. Einige Staaten haben ihr Steuersystem umgestellt - auf eine flat tax, ein einfaches Steuersystem mit einem einheitlichen Steuersatz bezogen auf eine möglichst breite Bemessungsgrundlage. Wäre eine flat tax auch für Deutschland geeignet? Hier bestehen massive Bedenken, da ein einheitlicher (Grenz-)Steuersatz als ungerecht angesehen wird. Ist ein solches System wirklich ungerecht oder ist nicht sogar das gegenwärtige Steuersystem in seinen Wirkungen ungerechter? Dieser Frage widmet sich der Beitrag von Oliver Sievering.

Nicht auf globale Standortfaktoren, sondern auf die vielfältigen Beziehungen zwischen Akteuren innerhalb eines bestimmten, enger umgrenzten Raumes geht Klaus Schafmeister in seinen stadtraumökonomischen Überlegungen ein. Da diese Stadträume in einem immer stärkeren kommunalpolitischen Wettbewerb stehen, bedarf es einer Betrachtung, die Interdependenzen aufgreift und Instrumente bewertet, die zumeist auf der operativen Ebene eingesetzt werden. Der Autor spart nicht mit Kritik an „mainstream-Leitlinien", die die Kommunen und ihre Wirtschaftsförderungsgesellschaften in den vergangenen Jahren verfolgt haben. Führten sie doch dazu, dass viele Städte ihre ureigene Identität verloren haben.

Oliver Sievering im September 2006

Detlev Landmesser

Solidarität statt Sozialpolitik: Soziale Fürsorge im klassischen Athen

Nichts Geringeres als einen „Neubeginn der Weltgeschichte“ hat *Christian Meier* die großen Jahre des antiken Athen genannt. Innerhalb weniger Jahrzehnte des fünften Jahrhunderts vor Christus wandelten die Athener ihr Gemeinwesen in die erste Demokratie der Welt um. Ein bis dahin unerhörtes Wagnis, das eine Fülle neuartiger Fragen aufwarf und kulturelle Kräfte von ungeahnter Dynamik freisetzte.

Das Athen der klassischen Zeit, die von den Perserkriegen des frühen fünften bis in die Krisenzeiten des vierten Jahrhunderts reicht, brachte nicht nur die Anfänge unserer politischen Institutionen hervor, sondern gleichzeitig die klassische Form des Theaters, der Architektur und der bildenden Kunst. Zugleich erhielten Philosophie und Wissenschaften entscheidende Anstöße. Doch nicht nur diese Grundbestandteile unserer Kultur gelangten dort zu großartiger Entfaltung. Auch das Wirtschaftsleben Athens und seines Staatsgebiets Attika differenzierte sich in ungekanntem Ausmaß, zugleich blühten marktorientierte Produktion und Geldwirtschaft wie nie zuvor.

Damit stellte sich auch die Frage der gesellschaftlichen Verteilung völlig neu. Aus den Fürsorgeprinzipien des frühen Stammesstaats und der patriarchalischen Adelsgesellschaft musste die neue Gesellschaft spezifische Formen entwickeln, um die Existenz ihrer Glieder zu sichern.

Eine Gesellschaft, die uns trotz ihrer gültigen kulturellen Hinterlassenschaft bemerkenswert fremd bleibt. Fast ununterbrochen führten die Athener Kriege, zählten Unterwerfung anderer Gemeinwesen, Menschenraub und Sklaverei zu ihren selbstverständlichen Lebensbedingungen. In der Konfrontation mit dem persischen Reich einerseits und einer Reihe griechischer Staaten andererseits stand Athen auch während der klassischen Periode mehrfach nahe am existenziellen Abgrund.

Und doch gelang es den Athenern, ihre Polis, den „Stadtstaat“, der nun häufiger mit dem Personalverband der Bürger (Politen) gleichgesetzt wurde, dauerhaft zu stabilisieren. Nach Auffassung *Finleys* war es gerade das einzigartige Prinzip der bürgerlichen Solidargemeinschaft, das den sozialen Frieden und die vergleichsweise hohe innere Stabilität Athens über fast zwei Jahrhunderte sicherte.[1] Die beiden kurzlebigen oligarchischen Umstürze der Jahre 411/10 und 404/3

[1] Vgl. Finley (1977): S. 207 f.

hatten ihre Ursachen eher in der verzweifelten außenpolitischen Lage als in sozialen Spannungen.[2]

Dem Wesen der Polis als Personalverband entsprechend lösten die Athener die sozialen Herausforderungen auf spezifische Weise. An Stelle eines „sozialpolitischen“ Gesamtkonzepts entwickelten sie eine Reihe nebeneinander stehender, bemerkenswerter Einrichtungen, allen voran die Bezahlung bürgerlicher Pflichterfüllung und die Institutionalisierung der Leiturgie.

Die Auszahlungen des demokratischen Athen

Die umfassendste Neuerung ergab sich direkt aus den Anforderungen der demokratischen Verfassung. Die Politen waren in Kürze zu den alleinigen Trägern des neuen Staatswesens geworden. Mit diesen neuen Rechten und Verantwortlichkeiten ausgestattet, mussten sie notwendig eine starke gemeinsame Verpflichtung empfinden, sich aktiv am politischen Geschehen zu beteiligen.

In der öffentlichen Tätigkeit des Politen, in der Aktivität für die Entfaltung und Sicherung der Polis lag der eigentlich sinnerfüllte und ehrenvolle Teil seiner Existenz – so jedenfalls die in der Gemeinschaft geförderte und vertretene Ansicht.[3] Der Staatsbürger, der an den politischen Angelegenheiten keinen Anteil nahm, galt als schlechter Bürger, wie der Historiker *Thukydides* den führenden Politiker *Perikles* in seiner berühmten Rede zu Beginn des Peloponnesischen Krieges erklären lässt.[4] Folgerichtig ging die Polis unter *Perikles* um die Mitte des fünften Jahrhunderts dazu über, die Teilnehmer an den demokratischen Institutionen zu besolden.

Diese Auszahlungen waren zugleich ökonomisches Kennzeichen der neu entstehenden politischen Identität: Nicht mehr nur das ausschließliche Recht auf Grundeigentum, sondern auch der Erhalt öffentlicher Auszahlungen grenzte die Politen von den Nichtbürgern, also von Fremden, Metöken[5] und Sklaven ab.

Zunächst erhielten die Geschworenenrichter ein Tagegeld (Misthos) in Höhe von anfangs zwei Obolen[6], später auch die Mitglieder des Rats der Fünfhundert und die sonstigen Beamten. Ab etwa 400 zahlte die Polis auch für die Teilnahme an der Volksversammlung ein Tagegeld.[7] Die Volksversammlung repräsentierte

---

[2] Vgl. Bleicken (1994): S. 378.
[3] Vgl. Meier (1979): S. 379.
[4] Thukydides II, 40.
[5] Die Metöken waren in Attika beständig ansässige Fremde (zumeist Griechen), die eine besondere Rechtsstellung besaßen. Sie waren zur Zahlung einer Kopfsteuer verpflichtet und konnten ebenso wie wohlhabende Athener zu Leiturgien und außerordentlichen Vermögenssteuern herangezogen werden.
[6] Der Obolos war die kleinste Münzeinheit und entsprach einer Sechstel Drachme.
[7] Vgl. Andreades (1965): S. 269 f.

als oberstes Beschluss- und Gesetzgebungsorgan den Souverän des Staates. Im vierten Jahrhundert waren allein vierzig ordentliche Sitzungen pro Jahr vorgeschrieben.

Schließlich erhielten sogar die Besucher der Aufführungen im Rahmen der religiösen Feste das so genannte Schaugeld (Theorikon). Wie *Meier* betont, erfüllte besonders die frühe attische Tragödie eine wichtige Rolle bei der geistigen Bewältigung der ungeheuren politischen Umwälzungen des fünften Jahrhunderts. Nicht nur die „schwindelerregenden" äußeren Erfolge Athens waren zu verarbeiten, auch die völlig neue Erfahrung, dass die Verantwortung für das Gemeinwesen nicht mehr auf monarchisch oder aristokratisch geprägten Strukturen, sondern auf der Gemeinschaft Einzelner ruhte.[8] Im vierten Jahrhundert erhielt das Theorikon noch deutlich mehr Gewicht, indem es auch auf den zahlreichen Festen verteilt wurde, an denen keine Aufführungen stattfanden.

Von den erlosten Jahresämtern der Ratsherren abgesehen reichten die Tagegelder aber keineswegs aus, um den Lebensunterhalt der Politen und ihrer Familien dauerhaft zu bestreiten. Sie konnten nur ein unregelmäßiges Zusatzeinkommen darstellen. Für das vierte Jahrhundert, in dem die Preise über denen des fünften Jahrhunderts lagen, werden vier Obolen für den täglichen Lebensunterhalt einer Person veranschlagt. Zweifellos war die große Mehrheit der Athener gezwungen, für ihren Lebensunterhalt zu arbeiten. Die meisten Bürger Attikas bestellten als Kleinbauern ihr Land. Zudem bot die mächtige stehende Flotte für etwa die Hälfte des Jahres Tausenden von Athenern Beschäftigung als Ruderer, ebenso im Schiffbau und der Instandhaltung.[9] Die Betätigung als Handwerker oder Händler wurde dagegen weit weniger geachtet, und lag häufig in den Händen von Metöken oder Fremden.

Das Solidarprinzip der Polis äußerte sich aber auch darin, dass die Gemeinschaft auch für alle durch Invalidität erwerbsunfähigen Athener aufkam. Außerdem wurden die Familien der im Krieg Gefallenen bis zur Volljährigkeit der Waisen unterstützt.[10]

Den Auszahlungen der Polis lag ein weitgehender Konsens der Solidargemeinschaft zu Grunde, dessen Wurzeln bis auf die Verteilung gemeinschaftlicher Einkünfte des frühen Stammesstaats (wie etwa Kriegsbeute) zurückreichen. Doch war es in Griechenland einzigartig, dass ein Gemeinwesen die bürgerliche Pflichterfüllung umfassend bezahlte. Damit einhergehend wurde die noch junge Geldwirtschaft erheblich ausgeweitet.

Am Beispiel des Theorikons zeigt sich, dass die Auszahlungen des demokratischen Athen immer mehr den Charakter einer Selbstversorgung der Bürger-

[8] Vgl. Meier (1995): S. 382-385.
[9] Vgl. Finley (1977): S. 207.
[10] Vgl. Andreades (1965): S. 262 f.

schaft annahmen.[11] Deren Renteninteresse trat in der Krisenzeit des vierten Jahrhunderts zunehmend in den Vordergrund.

Ein bezeichnendes Beispiel dieser Haltung sind die Vorschläge, die der Athener *Xenophon* um das Jahr 355 zur Steigerung der Einkünfte der Polis machte. In seiner späten Schrift „Poroi" („Mittel und Wege") entwickelte der vielseitige Schriftsteller ein umfassendes Bergbauprogramm, das auf der Ausbeutung der ergiebigen Silberminen im Gebiet von Laureion an der Südspitze Attikas beruhte. Die besonders im fünften Jahrhundert blühende Verpachtung der staatlichen Schürfrechte sollte wieder angekurbelt, und immer mehr staatseigene Sklaven an die Minenbetreiber vermietet werden. Ziel dieser Maßnahmen war bezeichnenderweise, daraus eine Rente abzuschöpfen, die schließlich den Lebensunterhalt aller Athener sichern sollte.[12]

Übrigens hatten die Athener schon in früherer Zeit die (staatlichen) Einkünfte aus den Silbergruben kurzerhand unter sich verteilt, bis *Themistokles* im Jahr 483 den Flottenbau und damit eine zweckgebundene Verwendung dieser Mittel durchsetzte.[13]

Das Leiturgiewesen des demokratischen Athen

Noch augenfälliger als in den direkten Auszahlungen der Gemeinschaft äußerte sich der Solidargedanke der Polis in der Praxis der Leiturgie (Leitourgia = Dienst an der Gemeinschaft). Aus der Adelsgesellschaft hatte das demokratische Athen die Tradition der patriarchalischen Fürsorge Einzelner für das Gemeinwesen übernommen. Insbesondere durch die Institutionalisierung der Leiturgie wurde dieses Prinzip fortgesetzt und verstetigt.

Indem die Polis einen wohlhabenden Bürger oder Metöken zur Durchführung einer öffentlichen Aufgabe und Übernahme der Kosten verpflichtete, konnte sie feste Ausgaben direkt mit festen Einnahmen verbinden und ihre Verwaltung erheblich entlasten. Der Kreis der Verpflichteten richtete sich nach einem Mindestvermögen von drei oder vier Talenten[14]. Zwischen jeder solchen Verpflichtung lag in aller Regel ein Jahr.[15] Aus dem vierten Jahrhundert sind über einhundert regelmäßige und unregelmäßige Leiturgien überliefert.[16] Die bedeutendsten unter ihnen dienten kultischen und militärischen Zwecken.

[11] Vgl. auch Austin, Vidal-Naquet (1984): S. 98 f.
[12] Vgl. Xenophon, Poroi 4, 11-33.
[13] Vgl. etwa Plutarch, Themistokles 4.
[14] Das Talent war die größte Recheneinheit im attischen Geldsystem und entsprach 6.000 Drachmen.
[15] Vgl. Davies. (1971): S. XXIV; Bleicken (1994): S. 252.
[16] Vgl. Finley (1977): S. 180.

Als wichtigste Leiturgie galt die **Choregie**, bei welcher der Verpflichtete sozusagen als Produzent den Chor für einen der zahlreichen dramatischen oder musikalischen Wettbewerbe zusammenzustellen, auszurüsten und zu verpflegen hatte.

Die **Gymnasiarchie** bestand in der Finanzierung der sportlichen Wettkämpfe und Fackelläufe anlässlich der großen religiösen Feste der Polis, während die **Hestiasis** wohl vornehmlich öffentliche Speisungen zu solchen Feiern beinhaltete.[17]

Die weitaus wichtigste militärische Leiturgie war die **Trierarchie**. Der Trierarch übernahm für ein Jahr die Verpflichtung, eine von der Polis gestellte Triere[18] in Stand zu halten, für das Kommando zu sorgen, und zumindest einen Teil des Mannschaftssolds zu zahlen. Im Verlauf des Peloponnesischen Krieges (431–404) wurden jährlich bis zu 400 Trierarchen bestellt. Diese außergewöhnliche Belastung der wohlhabenden Athener führte dazu, dass nach 411 zwei und schließlich auch mehrere Personen eine Trierarchie gemeinsam übernehmen konnten. Weitere Reformen im vierten Jahrhundert zielten darauf, die Trierarchie durch Organisation der Trierarchiepflichtigen in Gruppen (Symmorien) sicherzustellen.[19]

Da direkte Steuern als Merkmal der Tyrannis, der unrechtmäßigen Alleinherschaft galten, war die Leiturgie das notwendige Komplement zur möglichsten Freiheit von direkter Besteuerung. Das Leiturgiewesen war so auch Ausdruck der angestrebten persönlichen Eigenständigkeit der Politen. Die persönliche Verantwortung und Zurechnung eines bestimmten Dienstes an der Allgemeinheit förderten zudem ihren Eifer, andere an Leistung zu übertreffen.[20]

Dem entspechend galt die Übernahme einer Leiturgie als ehrenvoll. Es sind mehrere Fälle überliefert, in denen Verpflichtete mehr Leiturgien auf sich nahmen als nötig, und die Aufgabe mit größtmöglicher Freigiebigkeit erfüllten, um ihre Hingabe an das Gemeinwesen zu demonstrieren.[21]

Trotz der formalen Gleichheit aller Politen zog ostentative Großzügigkeit zweifellos eine günstigere Machtposition des Wohltäters in politischen Angelegenheiten oder vor Gericht nach sich.[22] Allerdings ist auch nicht zu verkennen, dass die Bereitschaft zur Übernahme öffentlicher Leistungen notwendig abnehmen

---

[17] Vgl. Andreades (1965): S. 310-312.
[18] Der normale Typ des attischen Kriegsschiffs mit drei Ruderreihen auf jeder Seite; die Besatzung umfasste so allein 170 Ruderer.
[19] Vgl. Gabrielsen (1994): S. 173-183.
[20] Vgl. Meier (1986): S. 31.
[21] Vgl. Austin, Vidal-Naquet (1984): S. 100.
[22] Vgl. Davies (1971): S. XVIIf. mit Belegen.

musste, als die Polis die Leiturgiepflichtigen in der Krisenzeit seit dem Ende des fünften Jahrhunderts immer rücksichtsloser in Anspruch nahm.

Um die Leistungspflichtigen zu bestimmen und die Leiturgielisten an die Vermögensverhältnisse anzupassen, bedienten sich die Athener auch der ebenso eigentümlichen wie wirksamen Einrichtung der **Antidosis** (Austausch). War jemand der Meinung, dass eine ihm auferlegte Leiturgie eher von einem anderen zu leisten wäre, konnte er auf Vermögensaustausch mit dem Benannten klagen. War dieser dazu nicht bereit, blieb ihm die Wahl, die Leistung seinerseits zu übernehmen oder das Gericht zur Klärung der Verhältnisse anzurufen.[23] Ob es jemals zu einem Vermögensaustausch kam, ist leider unklar.

Auch außerhalb des Leiturgiesystems traten Einzelne mit Leistungen für die Polis hervor. Aus dem vierten Jahrhundert sind zahlreiche freiwillige Spenden einzelner Bürger oder auch Fremder überliefert. Diese **Epidosis** (Zugabe) genannten Geld- oder Sachspenden dienten vorwiegend außerordentlichen kriegerischen und religiösen Zwecken. So bestanden die Sachgeschenke etwa in Bauten, Schiffen, Waffen oder auch Getreidelieferungen.[24]

Früchte der Herrschaft: Baumaßnahmen und Kleruchien

Um die ökonomische Basis der verteilten Einkünfte mussten sich die Athener bis zum Ausbruch des Peloponnesischen Krieges offenbar keine übermäßigen Sorgen machen. Die wesentlichste Quelle auswärtiger Einkünfte waren die Beiträge der Mitglieder des Ersten Attischen Seebundes gegen die Perser (478-404). Besonders nach Beendigung der militärischen Unternehmungen gegen Persien in der Mitte des fünften Jahrhunderts gestalteten die Athener das Bündnis mit unnachgiebiger Härte zu einer Herrschaft über die Bundesgenossen um, und verwendeten deren Beiträge zunehmend für eigene Zwecke.

Insbesondere ermöglichten die Tribute den großartigen Wiederaufbau der von den Persern 480 zerstörten Akropolis. Die dortigen Bauten, insbesondere der Tempel der Stadtgöttin Athene (der Parthenon, Bauzeit 447–438), stellen den Höhepunkt der klassischen Architektur dar. *Plutarch* berichtet über 500 Jahre später, *Perikles* habe mit seinen großen Bauvorhaben die Beschäftigung heben und die Gewerbe beleben wollen, um auch den nicht am Kriegsdienst beteiligten Athenern Einkünfte aus dem Bundesschatz zu verschaffen.[25] In den ungeheuren Aufwendungen für die öffentlichen Bauten drückte sich jedenfalls der Anspruch der demokratischen Bürgerschaft aus, die Macht und Wohlhabenheit ihrer Polis

[23] Vgl. Andreades (1965): S. 313.
[24] Vgl. Andreades (1965): S. 142 und S. 372.
[25] Vgl. Plutarch, Perikles 12.

zu demonstrieren und ihre kulturelle Leistung mit der Adelsgesellschaft zu messen.[26]

Verbündete, die sich aus dem Seebund zu lösen versuchten, wurden mit Gewalt wieder unter die Herrschaft der Athener gezwungen. Schließlich ging Athen dazu über, von solchen zeitweilig abgefallenen Bundesstädten einen Teil ihres Bodens einzuziehen und ihn an (meist ärmere) Athener, die so genannten Kleruchen, zu verteilen. Diese Bürgerkolonien (Kleruchien) auf dem abgetretenen oder eroberten Territorium anderer Staaten erfüllten damit den gleichen Zweck wie die griechische Kolonisation früherer Jahrhunderte als Ventil sozialer Unzufriedenheit, mit dem Unterschied, dass die Kleruchen attische Bürger blieben und die Kleruchien auch als militärische Stützpunkte dienten. Unter Umständen wurde von den Kleruchen gar nicht erwartet, dass sie selbst auf ihrem auswärtigen Besitz siedelten, so dass manche von ihnen als Landrentner in Attika blieben.[27] Um 430 sollen etwa 10.000 Athener durch die Kleruchien versorgt worden sein.[28]

Der Einzelne und die Polis: Solidarität mit natürlichen Grenzen

In den beschriebenen Einrichtungen der Athener wird das besondere, direkte Solidarverhältnis zwischen dem Einzelnen und der Polisgemeinschaft offenbar. Das Problem der Distribution lösten sie im Wesentlichen durch zwei unterschiedliche Systeme, die gleichwohl beide dem Individuum ein hohes Gewicht verliehen. Auf der einen Seite standen die Auszahlungen oder Zuteilungen der Polis an ihre politisch aktiven Träger, aber auch ihre bedürftigen Mitglieder. Den anderen Pol bildete die institutionalisierte Leiturgie, die Leistung wohlhabender Einzelner für die Gemeinschaft.

Als spezifisches Merkmal fällt dabei die „Individualisierung der Aufgaben" ins Auge, die sich auch in anderen Bereichen der attischen Staatswirtschaft äußerte, besonders in der Praxis der Steuerverpachtung und der dezentralen Organisation der gemeinschaftlichen Kassen. Dahinter stand zum einen die demokratische Idee, die einer Zentralisierung von Kompetenzen entgegenstand und zugleich der möglichsten persönlichen Eigenständigkeit der Politen verpflichtet war. Dazu trat das bestimmende Prinzip des attischen Finanzsystems, Einnahmen und Ausgaben möglichst direkt miteinander zu verbinden.

Immerhin gelang es den Athenern damit, die Kosten der gesellschaftlichen Redistribution gering zu halten. Auf der anderen Seite machten diese Regelungen

---

[26] Vgl. Meier (1986): S. 33.
[27] Vgl. Jones (1986): S. 175 f.; Schmitz (1988): S. 114 f.
[28] Vgl. Bleicken (1994): S. 320 f.

eine Budgetierung der öffentlichen Aufgaben und damit eine vorausschauende Finanzplanung praktisch unmöglich.

Diese Besonderheiten verdeutlichen zugleich, dass die verschiedenen Maßnahmen der Athener schwerlich als „Sozialpolitik“ zu bezeichnen sind. Im Hinblick auf die übersichtlichen Verhältnisse in der direkten Polisdemokratie setzt die moderne Vorstellung einer Sozialpolitik als Maßnahmenbündel eines abstrakten Staats einen falschen Akzent. Die Selbstverständlichkeit sozialer Fürsorge des Gemeinwesens, die vielen als Errungenschaft der Neuzeit gilt, ergab sich im Kontext der griechischen Antike aus dem Wesen der Polis als Personalverband.

Doch auch die Solidarität der Athener kannte natürliche Grenzen. Der weitgehende Wegfall der auswärtigen Einkünfte nach 404 und erneut die Rückschläge mit dem weniger bedeutenden Zweiten Attischen Seebund (378/7-338) entzogen der Solidargemeinschaft eine wesentliche ökonomische Grundlage. Infolge ihrer außenpolitischen Schwächung mussten die Athener die Mittel für die öffentlichen Leistungen zunehmend innerhalb der Polis selbst aufbringen. Waren zuvor die auswärtigen Untertanen schonungslos belastet worden, griff die Polis nun verstärkt in die Vermögensverhältnisse ihrer Bewohner ein.

Die „ganz rücksichtslos souveräne Verfügung der griechischen Polis, speziell der Demokratie, über das Privatvermögen ihrer Bürger“[29], für die *Jacob Burkhardt* den Begriff der „ökonomischen Tyrannis“ geprägt hat, zeigte sich in Athen vor allem in der Verstetigung der Leiturgie und der so genannten Eisphora, einer außerordentlichen Vermögenssteuer.

In der Verfolgung ihrer Ziele nahm die Polis dabei bemerkenswert wenig Rücksicht auf die Tragfähigkeit Einzelner. So häuften sich in den schweren Jahren des ausgehenden fünften und des vierten Jahrhunderts die Klagen über den hohen Steuerdruck in Athen, in dessen Folge es durchaus auch zur Verheimlichung und Thesaurierung von Vermögen kam.[30]

Dennoch: Auch im vierten Jahrhundert blieb das Übergewicht des Gemeininteresses gegenüber dem Privatinteresse als selbstverständlicher Wesenszug der Polis unumstritten. Die „ökonomische Tyrannis“ des vierten Jahrhunderts kam nicht nur dem Renteninteresse der Mehrheit zu Gute, sondern sicherte den Athenern nach dem Verlust ihrer Suprematie auch die Mittel, um ihr einzigartiges Gemeinwesen noch bis ins Jahr 322 zu behaupten, als die Demokratie endgültig der makedonischen Vorherrschaft weichen musste.

---

[29] Weber (1988): S. 28.
[30] Vgl. Hasebroek (1966): S. 92.

Literatur:

Andreades, A., Geschichte der griechischen Staatswirtschaft. Von der Heroenzeit bis zur Schlacht bei Chaironeia, Hildesheim 1965 (Erstausgabe München 1931).

Austin, M.,Vidal-Naquet, P., Gesellschaft und Wirtschaft im alten Griechenland, München 1984 (Erstausgabe Paris 1972).

Bleicken, J., Die athenische Demokratie, Paderborn, München, Wien ^{2}1994.

Davies, J. K., Athenian Propertied Families 600-300 B. C., Oxford 1971.

Finley, M. I., Die antike Wirtschaft, München 1977 (Erstausgabe Berkeley, Los Angeles 1973).

Gabrielsen, V., Financing the Athenian Fleet. Public Taxation and Social Relations, Baltimore 1994.

Hasebroek, J. Staat und Handel im alten Griechenland, Hildesheim 1966 (Erstausgabe Tübingen 1928)

Jones, A. H. M., Athenian Democracy, Oxford ^{5}1986 (Erstausgabe 1957).

Meier, C., Athen. Ein Neubeginn der Weltgeschichte, München 1995.

Derselbe, Die politische Identität der Griechen, in: O. Marquard, K. Stierle (Hrsg.), Identität, München 1979, S. 371-406.

Derselbe, Wie die Athener ihr Gemeinwesen finanzierten. Die Anfänge der Steuerpolitik in der griechischen Antike, in: U. Schultz (Hrsg.), Mit dem Zehnten fing es an. Eine Kulturgeschichte der Steuer, München 1986, S. 25-37.

Plutarch, Große Griechen und Römer, Band I und II, Eingeleitet und übertragen von Konrat Ziegler, Zürich, Stuttgart 1955.

Schmitz, W., Wirtschaftliche Prosperität, soziale Integration und die Seebundpolitik Athens, München 1988.

Thukydides, Geschichte des Peloponnesischen Krieges. Eingeleitet und übertragen von Georg Peter Landmann, Zürich, Stuttgart 1960.

Weber, M., Agrarverhältnisse im Altertum, in: Ders., Gesammelte Aufsätze zur Sozial- und Wirtschaftsgeschichte, hrsg. von Marianne Weber (1924), Tübingen ^{2}1988 (Erstausgabe 1909).

Xenophon, Ökonomische Schriften (Oikonomikos und Poroi). Griechisch und deutsch von Gert Audring, Berlin 1992.

Andreas Wiendl

Ökologische Implikationen der Sozialpolitik

Seit der zunehmend zeitlichen Entrücktheit von Tankerunglücken, dem Sandoz-Skandal am Rhein oder gar dem Atomunglück in Tschnernobyl als bewusst wahrgenommene Umweltkatastrophen einerseits und der zunehmenden Institutionalisierung des Umweltschutzes (z.B. „Grüner Punkt") andererseits ist das öffentliche Interesse an umweltrelevanten Fragestellungen in den letzten Jahren zurückgegangen. Oftmals wird in diesem Zusammenhang sogar das Argument verwendet, dass man sich dieses Interesse in Zeiten knapper öffentlicher Kassen und gleichzeitig anwachsender sozialer Probleme „nicht leisten" könne. Bei näherer Betrachtungsweise lässt sich jedoch erkennen, dass beide Problemfelder – Umweltaspekte und Sozialpolitik – eng miteinander verknüpft sind.

Der vorliegende Beitrag zeigt daher zum einen in historischer Perspektive[1] auf, dass es bereits eine weit zurückreichende Tradition im Zusammenhang der Betrachtung von Naturverbrauch und sozioökonomischer Entwicklung besteht. Zum anderen wird dargestellt, welche Interdependenzen zwischen ökologischen und sozialen Aspekten bestehen und welche Änderung bisheriger Betrachtungsweisen notwendig sind, um neuen Zielvorstellungen hinsichtlich einer Sozialpolitik Raum zu schaffen, die ökologische und soziale Aspekte gleichermaßen berücksichtigt.

1. Naturzerstörung als Ursache sozialer Probleme – ein historischer Abriss

Das menschliche Verständnis von Natur (bzw. synonym: Umwelt) hat sich im Laufe der Zeit mehrfach gewandelt und wird sich weiter verändern[2]. Dies liegt in der Doppelnatur des Menschen begründet, der seit jeher sowohl ein Teil der Natur ist, aber als kulturschaffendes Wesen die Welt ständig künstlich neu erschafft und damit sich selbst neu prägt[3].

Jede Art von Wirtschaftsweise hatte Folgen für die Umwelt. Die Schädigungen bei extensiver Viehweide und Brandrodung waren nur andere als bei der modernen intensiven Landwirtschaft mit Kunstdünger und Einsatz von Pestiziden.

---

[1] „Burschel/Losen/Wiendl: Betriebswirtschaftlehre der nachhaltigen Unternehmung, München, Oldenbourg Verlag 2004, S. 144-169. Passim.

[2] Vgl. Schäfer, L./Sröker, E. (Hrsg.): Naturauffassungen in Philosophie, Wissenschaft, Technik, 1993, S. 10.

[3] Vgl. Biervert, B. / Held, M.: Veränderungen im Naturverständnis der Ökonomen, 1994, S. 21.

Die Folgen der Naturnutzung bestanden im wesentlichen in der Verknappung bestimmter Ressourcen zumindest in bestimmten Territorien (bspw. Wälder des Mittelmeerraumes zur Zeit der Antike) sowie einer Zerstörung der Naturgegebenheiten, z.B. der Bodendecke[4]. Und bereits nach dem Übergang vom Nomadentum zum Errichten fester Wohnplätze entstand beispielsweise das Problem der Abfallbeseitigung. So fanden in Nordeuropa Archäologen Küchenabfallhaufen (für Muschelschalen), wobei einer dieser Haufen ein Volumen von ca. 200.000 m^3 aufweist und aus der Zeit 5000-2000 v. Chr. stammt[5].

Das Entstehen und beschleunigte Wachstum der Städte in der römischen Antike, im Mittelalter und vor allem im Zuge der Industrialisierung lässt der Frage nach dem Umgang mit Abfall, Abwasser etc. eine immer größere Bedeutung zukommen. Sind zunächst in erster Linie die Menschen und die Umwelt in unmittelbarer Nähe der Entstehung von Luft- und Wasserverschmutzung betroffen, wie z.B. im Umfeld von verschmutzenden Gewerben, so verursacht menschliches Zusammenleben und Wirtschaften zunehmend Umweltprobleme[6] bis hin zu irreversiblen Eingriffen in Naturhaushalte und die Artenvielfalt innerhalb ganzer Territorien bzw. weltweit.

Denn der Mensch hat auch die Nutzung der Erdoberfläche und der Naturprodukte in solchem Maße ausgeweitet, so dass vor allem im 20. Jahrhundert Prozesse einsetzten, die in einer Erschöpfung und Vergiftung der Erdoberfläche bestehen[7].

1.1 Prolog: Die Antike

Vieles von dem, was in die ökologische Krise unserer Zeit geführt hat, ist bereits für das Altertum festzustellen: die Fokussierung auf den unmittelbaren ökonomischen Nutzen, die Natur als Ressourcenlieferant und Abfallaufnahmemedium zeigen eine erschreckend große Übereinstimmung in der unreflektierten Einstellung von damals und heute gegenüber der Umweltproblematik. So konstatierte bereits vor zweitausend Jahren der römische Naturforscher Plinius, zwar im Zusammenhang mit einem bestimmten Abbauverfahren im Bergbau, aber dennoch mit dem Anspruch der Allgemeingültigkeit: „Spectant victores ruinam naturae" - >siegesgewiß blicken sie auf den Zusammenbruch der Natur<[8].

---

[4] Vgl. Zirnstein, G.: Ökologie und Umwelt in der Geschichte, 1994, S. 16.

[5] Vgl. Hösel, G.: Unser Abfall aller Zeiten. Eine Kulturgeschichte der Städtereinigung, 1987, S. 1.

[6] Vgl. Calließ, J./ Rüsen, J./ Striegnitz, M. (Hrsg.): Mensch und Umwelt in der Geschichte, 1989, S. 47.

[7] Vgl. Zirnstein, G.: Ökologie und Umwelt in der Geschichte, 1994, S. 15.

[8] Weeber, Karl-Wilhelm: Smog über Attika, 1990, S. 11.

Noch grundlegender haben sich allerdings die Vertreter der griechischen Philosophie (Aristoteles, Platon) mit der Natur bereits noch wesentlich früher beschäftigt. Zwar lässt diese Philosophie noch nichts von dem erkennen, was für uns heute Wissenschaft heißt; doch zeigt sie bemerkenswerte Züge, welche alle nachfolgende Naturforschung und Naturbearbeitung bis in unsere Tage hinein geprägt haben.

Die oikonomia ist bei Aristoteles eingebettet in eine Ethik des Maßes und des Genügens. Besitz ist nie Zweck, sondern Mittel zu einem tugendhaften Leben. Glück findet sich demnach nicht in der Bemühung um das eigene Wohl, zu der die oikonomia gehört, sondern Glück ist letztlich nur die freie Tätigkeit in der Gemeinschaft und die Schau des Kosmos, der Gemeinschaft aller Wesen.[9]

Wie aus den Mythen abzulesen ist, galt den Griechen der Kosmos[10] als Werk, in das der Mensch nicht ungesühnt eingreifen kann. Prometheus, der den Göttern das Feuer raubte, blieb in der griechischen Sage gefesselt. Er galt erst später als der zu ehrende Herausforderer der Götter und als Überwinder naturgesetzter Grenzen. Nicht nur Prometheus wurde schwer gefoltert, auch Ikarus stürzte mit den von der Sonne geschmolzenen Wachsflügeln ab, als er sich zuviel anmaßte. Es gab die Vorstellung, dass die Griechen schon aufgrund der vielen lokalen Naturgottheiten ein weniger gebrochenes Verhältnis zur Natur besaßen als die Menschen in späterer Zeit. Erst die Ablösung des Animismus durch eine über der Natur stehende abstrakte Gottheit sowie der Ersatz der Naturgeister durch nicht mehr mit der Natur verbundene Heilige und schließlich die „naturalistische“ Weltanschauung begünstigten die Naturzerstörung. Daneben galt die Vorstellung von einer Welt, in der dem Menschen als höchste Stufe der Schöpfung die gesamte Natur zu seinem Nutzen geschaffen worden sein. Insbesondere der römische Philosoph Cicero formt das Bild des Menschen als Veränderer seiner Umwelt in Form einer „zweiten Natur“:

> „Ebenso hat der Mensch die völlige Herrschaft über alle Güter der Erde: wir ziehen Nutzen aus ebenen und bergigem Gelände, uns gehören die Flüsse und Seen, wir sähen Getreide und pflanzen Bäume; wir leiten Wasser auf unsere Ländereien und machen sie dadurch fruchtbar, wir dämmen Flüsse ein, bestimmen ihren Lauf und leiten sie ab; ja wir versuchen, mit unseren Händen inmitten der Natur gleichsam eine zweite Natur herzustellen.“[11]

---

[9] Vgl. Manstetten, R.: Die Einheit und Unvereinbarkeit von Ökologie und Ökonomie, 1995, S. 42.

[10] Vgl. Schäfer, L./Sröker, E. (Hrsg.): Naturauffassungen in Philosophie, Wissenschaft, Technik, 1993, S. 18 f.

[11] Cicero, M. Tillius: De natura deorum. Hgg., übers. und erl. von Wolfgang Gerlach und Karl Bayer, München 1978, Buch II, S. 326 f.

Offenkundig werden bei der Vorstellung einer „zweiten", menschengeformten Natur zwei Elemente miteinander verbunden: den in der Natur angelegten Entwurf und die als Erfolg menschlicher Geschicktheit interpretierte Verbesserung der Natur in Ausführung dieses Entwurfs.[12]

Auf Umweltprobleme weist der athenische Philosoph Platon hin, wenn er in seinem Werk Kritias schreibt, dass durch Fluten die einstmals hohe Erddecke von den Bergen geschwemmt wurde:

> „Auch Holz hatte es reichlich auf den Bergen, wovon noch jetzt deutliche Spuren vorhanden sind; denn von den Bergen bieten zwar manche jetzt nur den Bienen Nahrung, doch, es ist noch gar nicht lange her, daß das Dachgebälke großer Häuser noch wohlerhalten dastand, das man aus den Bäumen der Berge hergestellt hatte."[13]

Auf Abfallprobleme verweist die Reinigung des Augiasstalls durch den Helden Herkules, der hier offenbar eine noch größere und fast heldenhaftere Aufgabe als bei kriegerischen Auseinandersetzungen fand.

Vergegenwärtigt man sich, dass die Einwohnerzahl im antiken Rom mehr als eine Million[14] betrug, lässt sich die bereits vor 2000 Jahren vorhandene Problematik urbaner Umweltprobleme leicht vorstellen: Nicht nur beim Ausbruch eines der häufigen Feuer war die Atmosphäre der Riesenstadt durch Ruß und ungesunden Qualm belastet. Auch in Normalzeiten herrschte eine gravias urbis, eine „erdrückende Luft der Stadt"[15]. Zwar war die Wasserversorgung Roms durch ein ausgeklügeltes System von Aquädukten und innerstädtischen Versorgungssystemen in der Lage, jedem Einwohner einen rechnerischen Verbrauch von 200 – 250 Litern zu ermöglichen, allerdings war der größte Teil der Bevölkerung nicht mit Wasseranschlüssen versehen[16]. Dementsprechend prekär war die Situation bzgl. der Reinigung der beengten Wohnquartiere und die Abfall- und Abwasserbeseitigung. Zudem war ein Großteil der Rohrleitungen aus Blei gefertigt, was ein großes Problem für die Volksgesundheit darstellte. Eine explizite Warnung vor dem Umweltgift Blei findet sich bei dem römischen Architekturschriftsteller Vitruv, der zur Zeit des Augustus lebte:

> „Wasser aus Tonröhren ist gesünder als durch Bleiröhren geleitetes, denn das Blei scheint deshalb gesundheitsschädlich zu sein, weil aus ihm Bleiweiß entsteht. Dies aber soll dem menschlichen Körper schädlich sein. Wenn nun das, was aus ihm entsteht, schädlich ist,

---

[12] Vgl. Glacken, Clarence J.: Zum Wandel der Vorstellungen über den menschlichen Lebensraum, 1988, S. 161.
[13] Zit. Nach: Zirnstein, G.: Ökologie und Umwelt in der Geschichte, 1994, S. 27.
[14] Vgl. Hösel, G.: Unser Abfall aller Zeiten , 1987, S. 16.
[15] Vgl. Weeber, Karl-Wilhelm: Smog über Attika, 1990, S. 120.
[16] Vgl. Hösel, G.: Unser Abfall aller Zeiten, 1987, S. 19.

kann es auch selbst zweifellos der Gesundheit nicht zuträglich sein. Ein Beispiel hierfür können die Bleiarbeiter liefern, weil sie eine bleiche Körperfarbe haben. Wenn nämlich Blei geschmolzen und gegossen wird, dann entzieht der von ihm ausströmende Dampf, der sich an den Gliedern des Körpers festsetzt und sie von dort ausbrennt, ihren Körperteilen die wertvollen Eigenschaften des Blutes. Daher scheint es ganz und gar nicht gut, daß man Wasser durch die Bleiröhren leitet, wenn wir der Gesundheit zuträgliches Wasser haben wollen."[17]

Neben diesen, die Menschen unmittelbar betreffenden Umweltproblemen zeigt sich gerade am Beispiel der Antike, wie weit die Tradition einer Ausbeutungsmentalität zurückreicht, welche die Natur als Selbstbedienungsladen auffasst: Sie spiegelt sich besonders klar im Verzicht auf jegliche Wiederaufforstung und in der Unbekümmertheit, abgeholzte Flächen ihrem Schicksal zu überlassen, die aus dem verschwenderischen Bedarf an Bauholz für die riesige Kriegsflotte hervorgingen. Umweltzerstörung war auch unmittelbare Folge einer bewusst umweltzerstörerisch orientierten Kriegsführung: Das Niedertrampeln der Getreidefelder des Feindes, das Abhacken seiner Fruchtbäume, das Requirieren oder Vernichten seiner Viehbestände und das Abbrennen seiner Gehöfte gehörten zu den Kriegpraktiken, die in der Antike von Griechen und Römern gleichermaßen ganz selbstverständlich angewendet wurden.

Im zweiten Punischen Krieg, den Hannibal mit seinem überraschenden Alpenübergang mitten ins Land des Gegners getragen hatte, griff der römische Feldherr Fabius Maximus Cunctator im Jahre 217 zum Mittel der Strategie der verbrannten Erde und erließ ein Edikt, sollte demzufolge die Bevölkerung in Süditalien vor ihrer Evakuierung „ihre Häuser anzünden und die Feldfrüchte vernichten, damit nicht der geringste Vorrat bleibe"[18]. Mensch und Natur vermochten sich über Jahrhunderte von den katastrophalen Zerstörungen nicht mehr völlig zu erholen; erst nach dem Zweiten Weltkrieg ist dort jener Wohlstand wieder erreicht worden, den der lange Krieg vernichtet hat.

1.2 Landschaftsveränderung durch technischen Fortschritt: Das Mittelalter

Eine bestimmte Art von Umweltschäden, die bereits in der Antike ganz Landstriche betraf, hatte aufgrund von Fortschritten in Wirtschaft und Technik während des Mittelalters noch zugenommen: die landschaftszerstörerischen Folgen bergbaulicher Aktivitäten in Gestalt kahler, erosionsgeschädigter Berghänge, unfruchtbarer Schlacken- und Geröllfelder und andere unnatürliche Landschaftsveränderungen.

---

[17] Weeber, Karl-Wilhelm: Smog über Attika, 1990, S. 175.
[18] Vgl. Weeber, Karl-Wilhelm: Smog über Attika, 1990, S. 54.

Bereits zu Zeiten von Augustus war durch die Förderung und Verhüttung von Eisenerz auf der Insel Elba der unkontrollierte Raubbau an ihren Wäldern derart, dass aufgrund des eklatanten Mangels an Brennstoff die Minenbesitzer gezwungen waren, die gesamte Produktion aufs nahe Festland verschiffen zu lassen und in den dortigen Hochöfen verhütten zu lassen. Das Aussehen der Insel wurde zuvor von den zahllosen Schmelzöfen derart geprägt, dass sie von den Griechen Aithaleia, die „Rußgeschwärzte" genannt wurde[19].

Bergbaugebiete waren daher kurzfristig blühende Regionen, die nach der Erschöpfung der Lagerstätten verfielen. Zurück blieben nur die großen Umweltschäden.

Ein ganz ähnlicher Zustandsbericht wie in Hinblick auf die Umweltsituation der Insel Elba zur Römerzeit bezieht sich auf das mittelalterliche sächsische Erzgebirge, den der Arzt und Bergbauschriftsteller Gregorius Agricola im Jahr 1556 so beschreibt:

> „In Altenberg im Meißnischen findet sich schwarzer Hüttenrauch in den Gruben, der Wunden und Geschwüre bis auf die Knochen ausnagt. Auch das Eisen verzehrt er, daher sind die Nägel der Häuser alle von Holz."[20]

Es steht hinter dem Raubbau auch in zunehmend entlegeneren Revieren häufig ein neuer Großabnehmer: die mit dem 15. Jahrhundert sich sprunghaft entwickelnde Montanindustrie. Die damit verknüpften Schmelz- und Kupfersaigerhütten, vor allem aber die Hammerwerke, hatten einen riesigen Holzbedarf, waren doch etwa 15 Zentner Holzkohle nötig, um einen Zentner Eisen auszuschmieden.[21]

Noch detaillierter geht folgende Beschreibung derselben Region von Christian Lehmann (1611-1688) auf die Waldzerstörung ein:

> „Vorzeiten / ehe soviel Hämmer und hohe Oefen aufkommen / musten sich die Hammerschmiede zu ihren Renn-Feuern nur mit Kohlen von umgefallenen und zerbrochenen Holtz auf den Schönburgischen Wäldern aufhalten und vergnügen / das stehende durffte niemand angreifen: aber nachdem die Hämmer und Oefen sich vermehret / und dass metallreiche Gebirge sich je mehr und mehr entdecket / sind die großen hohen Wälder ungläublich nedergelegt / gelichtet und geräumet worden / also dass die hohen und starcken Tannen ziemlich seltzam werden..."[22]

---

19 Vgl. Weeber, Karl-Wilhelm: Smog über Attika, 1990, S. 69.
20 Zirnstein, G.: Ökologie und Umwelt in der Geschichte, 1994, S. 59.
21 Schubert, E.: Der Wald: wirtschaftliche Grundlage der Stadt, 1986, S. 269.
22 Schubert, E.: Der Wald: wirtschaftliche Grundlage der Stadt, 1986 S. 60.

Der Mensch gab der Waldentwicklung zunächst ungewollt (durch Raubbau) und dann gewollt (etwa durch Fichtensaaten im 18. Jahrhundert beispielsweise im Harz) die Richtung. Dabei bewirtschaftete er den Wald so schlecht, dass es durch den Raubbau an den natürlichen Ressourcen zu Energiekrisen kam. Diese vom Menschen selbst verursachten Situationen des Energiemangels trugen entscheidend zum zeitweisen Rückgang oder Erliegen der Berg- und Hüttenwerke bei. Hierdurch verloren ganze Bevölkerungsschichten ihre Existenzgrundlage, so dass auch Abwanderungsbewegungen indirekt durch vorangegangene Übernutzung der Wälder gefördert wurden.[23]

Diese ressourcendeterminierte Wachstumsgrenze für vorindustrielle Gesellschaften vermochte erst der im 19. Jahrhundert vollzogene Übergang zu einer „neuen“ Zentralressource, nämlich dem fossilen Energieträger Steinkohle, zu durchbrechen. Der Frankfurter Technologe Georg Krünitz (1728-1796) merkt hierzu treffend an:

> „Da die Steinkohlen unter der Erde stehen, und mithin die Cultur der Oberfläche zur Nahrung der Menschen nicht hindern: so bedarf ein Land, welches damit versehen ist, weit weniger Waldungen und kann folglich weit mehr bevölkert werden. Dieses ist die Hauptursache, warum Engelland weit mehr bevölkert ist, als irgend ein anderes Land in den gemäßigten Himmelsgegenden.“[24]

Allerdings gab es auch Gegenströmungen zu der Ausplünderung des Waldes: Als walderhaltend erwies sich hierbei die Jagdleidenschaft der Feudalherren, die so genannte Bannwälder einrichteten, da erkannt wurde, dass der Wald den Menschen unverzichtbare Leistungen erbringen kann, und dementsprechend wurden Waldschutzmaßnahmen erzwungen. Dies gewährten obrigkeitliche Wald- und Forstordnungen, wie etwa „der furster uffzeichnung unde ir bevelh“ in einer hessischen Akte über den Burgwald von 1500/1509 und „bereits das berühmte Capitulare de villis von 814/40 nennt Forstbeamte, ordnet eine sorgsame Beaufsichtigung der königlichen Wälder und Forsten an, verbietet übermäßiges Ausholzen, bringt erste Regelungen über Mastnutzung und befiehlt, den Wildstand in den Forsten gut zu hegen.“[25]

Ebenfalls zu den aussagekräftigen Quellen gehören in diesem Zusammenhang z.B. vier herrschaftliche Weistümer aus dem 14. Jahrhundert über den großen mittelalterlichen Salzforst im Hochstift Würzburg. Durch sie wurde die Forstaufsicht und die Holznutzung für die Dörfer und Städte der Umgebung geregelt, die Jagd für den Hochadel eingeschränkt und hohe Strafen für Wilderer festge-

---

[23] Vgl. Hillebrecht, M.-L.: Eine mittelalterliche Energiekrise, 1986, S. 282.

[24] Krünitz, J.G.: Ökonomisch (technologische) Enzyklopedie oder allgemeines System der Staats-, Haus- und Landwirtschaft, Bd. 14. Berlin 1778, S. 658.

[25] Jäger, H.: Einführung in die Umweltgeschichte, 1994, S. 18.

setzt. So lässt sich von diesen Rechtssatzungen, die zum Schutze des heute noch größtenteils bestehenden Forstes erlassen wurden und Wesentliches zu seiner Erhaltung beigetragen haben, eine Entwicklungslinie über die frühneuzeitlichen Waldordnungen bis zum gegenwärtigen Forstrecht und dem Umweltrecht (vgl. Kapitel 1.3) aufzeigen: der schon im 14. Jahrhundert unter besonderen Schutz der Obrigkeit gestellte Salzforst ist heute ein Teil des Naturparks Bayerische Rhön[26].

Für eine (wirtschaftlich in sich geschlossene) Region kann sogar eine Wirtschaftsweise ausgemacht werden, die bereits verwandte Züge mit unserer heutigen Vorstellung einer Kreislaufwirtschaft aufzeigen: die Abstimmung der Eisenindustrie mit der Holzkohlenproduktion in der Region ist die Haubergswirtschaft des Siegerlandes, wo eine effiziente und langlebige Verbindung zwischen Industrie und Forst- bzw. Landwirtschaft eingegangen wurde.

Hier wurden seit dem 16. Jahrhundert die Betriebszeiten und die Anzahl der Hütten- und Hammerwerke stets straff geregelt, um die Holznachfrage der Eisenindustrie auf die lokale Holzproduktion auszurichten. Der Hauberg, ein mit Eichen und Birken bewachsener Mittelgebirgshang, dessen Bäume nicht älter als 18 bis 20 Jahre wurden, diente als Holz- oder Kohlholzproduzent. Diese Bewirtschaftung erfolgte genossenschaftlich, war im Laufe von Jahrhunderten geregelt und in ihrem Rahmen auch gesetzlich festgeschrieben worden. Durch diese Abstimmung zwischen regionalem Angebot und Nachfrage konnte das Knappheitsproblem gelöst werden und sich eine ressourcenschonende Wirtschaft etablieren.[27]

1.3 Natur als lebensspendende Kräfte: Merkantilismus und Physiokratie

In der Wissenschaft, insbesondere in den Vorläufern der Wirtschaftswissenschaft lag die Prioritätensetzung in diesem Zeitraum weitestgehend hinsichtlich ökonomischer und sozialer Aspekte; pure Überlebensfragen oder die Regelung von Arbeitsbedingungen standen gegenüber ökologischen Fragestellungen deutlich im Vordergrund.

In den Anfängen der Ökonomik wurde allerdings dem Faktor Natur (im Sinne von Ressourcen oder Boden) eine signifikante Bedeutung in den Modellen und Analysen zugemessen. So bezeichnete die von Quesney Mitte des 18. Jahrhunderts nicht zuletzt als Kritik an der damals noch herrschenden Lehre des Merkantilismus begründete Physiokratische Schule die Natur als „Quelle allen

[26] Vgl. Jäger, H.: Einführung in die Umweltgeschichte, 1994, S. 225.

[27] Vgl. Fremdling, R.: Innovation und Mengenanpassung. Die Loslösung der Eisenerzeugung von der vorindustriellen Zentralressource Holz, 1990.

Reichtums", deren Begrenztheit als prägend für den Produktionsprozess gesehen wurde[28].

Die theoretischen Überlegungen des Merkantilismus gingen von der Annahme einer unterbeschäftigten und deshalb zu entwickelnden Wirtschaft sowie von einer Begrenztheit der Rohstoffe aus, die es zum Vorteil des eigenen Landes zu nutzen galt.

Der Begriff „Kameralismus" wird häufig als deutsche Spielart des Merkantilismus bezeichnet. Nach den Verwüstungen des Dreißigjährigen Krieges (1618-1648) standen die meisten Fürsten deutscher Mittel- und Kleinstaaten vor der Aufgabe des Wiederaufbaus einschließlich Verwaltung, Rechtssprechung[29] und Finanzwesen. Der Kameralismus stellt somit eine Verbindung von volkswirtschaftlichen[30] und finanzwissenschaftlichen[31] Theoremen mit verwaltungstechnischen Grundsätzen dar[32].

Die Geldlehre der Merkantilisten, wonach das Geld soweit wie möglich im Umlauf gehalten werden sollte, bildete die Grundlage für ihr Theorem von der aktiven Handelsbilanz[33], das seine praktische Umsetzung in einer protektionistischen Handelspolitik fand. Man dachte nicht weltwirtschaftlich, sondern in Nationalwirtschaften.

Die Natur spielte im Merkantilismus insofern eine Rolle, indem sie aufgefasst wurde als ein Faktor, der auch auf dem Gebiet des Sozialen wirkt. Bei vielen Autoren des 17. Jahrhunderts herrschte der Grundgedanke eines naturwissenschaftlichen Zusammenhangs im gesellschaftlichen Leben und das soziale Leben wurde mit dem physischen Leben der Individuen in Parallele gesetzt. Der Ökonom Petty ist 1662 erbittert über „die ewigen fruchtlosen Versuche, sich der Natur zu widersetzen", „das Wasser zu überreden, von selbst über seine natürliche Quelle zu steigen". Ein anderer, Roger Coke, der hierzu vier „Broschüren" (1670-75) verfasste, schrieb:

---

[28] Kopfmüller, J./Brandl, V./Jörissen, J./Pateau, M./Banse, G./Coenen, R./Grunwald, A.: Nachhaltige Entwicklung. Bd. 1 Konstitutive Elemente, Regeln, Indikatoren, 2001, S. 19.

[29] Vgl. hierzu auch: Weitzel, J.: Merkantilismus und zeitgenössische Rechtswissenschaft, 1983.

[30] Hier ist vor allem Johann Joachim Becher (1635-1682) zu nennen, der in seinem Politischen Discurs die Grundsätze niedergelegt hat, nach denen ein Land zu einer Nation mit entwickelten Marktverkehr fortzubilden sei. Vgl. Hofmann, W. (Hg.): Theorie der Wirtschaftsentwicklung. Vom Merkantilismus bis zur Gegenwart (Sozialökonomische Studientexte Bd. 3), 1971, S. 21 ff.

[31] Als wichtigster Vordenker einer systematischen Finanzwissenschaft ist hierbei Johann Heinrich Gottlieb von Justi (1717-1771) mit seinem Hauptwerk „Staatswirtschaft" zu nennen.

[32] Vgl. Gömmel, R. Die Entwicklung der Wirtschaft im Zeitalter des Merkantilismus 1620-1800 (Enzyklopädie Deutscher Geschichte Bd. 46), 1998, S. 42.

[33] Vgl. Blaich, F.: Die Epoche des Merkantilismus, 1973, S. 85 ff.

> "Ich werde nie glauben, daß ein Mensch oder eine Nation ihre Ziele mit Zwangsmitteln erreicht, gegen die Natur und die Ordnung der Dinge"[34]

Johann Joachim Becher weist auf die Notwendigkeit hin, neben einer starken Population eines Landes[35] auch die genügende Versorgung mit Nahrungsmitteln zu gewährleisten:

> „So muß eine Stadt seyn Volckreich: dann gleich wie eine Schwalbe keinen Sommer macht / also macht der Mensch keine Gemein / noch ihrer drey oder vier Haussgesind ein Dorff / oder Stadt: je volckreicher also eine Stadt ist / je mächtiger ist sie auch; derohalben leichtlich zu erachten / dass die vornehmste Staats-Regul / der maxima einer Stadt- oder Lands seyn soll / Volckreiche Nahrung; angesehen / weder der Landsfürst / Städt oder Länder considerabel seyn / wenn sie arm von Volck seyn / dann sie können sich nicht definieren...es ist aber nicht genug die populierung und Volckreichmachung einer Stadt oder Lands/ wenn die Nahrung nicht darbey ist"[36]

Innerhalb des staatlichen Instrumentariums zur Wachstumsmehrung kommt vor allem der „Cameralwissenschaft" besondere Bedeutung zu. Da die Haupteinnahmenquelle für die Kameralisten die jährlichen Einkünfte der Untertanen sind, fällt den von Darjes in seinen von 1756 als „besondere Cameral=Wissenschaften" charakterisierten Subdisziplinen, insbesondere dem Agrarbereich (Oeconomia rustica) eine besondere Aufgabe durch die Optimierung ihrer drei Teile zu:

> „Der erste Theil beschreibet überhaupt die Würkungen der Natur, und die Mittel durch welche diese vollkommener zu machen. Der andere Theil untersucht den Ackerbau, und der dritte Theil beschäftigt sich mit der Viehzucht."[37]

Auch französische Merkantilisten erkennen den landwirtschaftlichen Boden als einen wichtigen Produktionsfaktor an. Insbesondere ist hier Sully zu nennen, für den „der Boden und die landwirtschaftliche Produktion die wesentlichen Quellen des Wohlstandes bilden."[38]

---

[34] Heckscher, E.: Der Merkantilismus. Zweiter Band, 1932, S. 283.

[35] Die meisten Merkantilisten vertraten (vom Beispiel Hollands inspiriert) eine populationistische Bevölkerungspolitik, nicht zuletzt unter militärischen Gesichtspunkten. Vgl. hierzu: Hecht. G.: Colberts politische und volkswirtschaftliche Grundanschauungen, 1898, Nachdruck 1967, S. 37-42.

[36] Becher, J.J.: Politische Discurs etc., 1673, Eingang I Vorsatz, S. I/2.

[37] Darjes, J.G.: Erste Gründe der Cameral-Wissenschaft darinnen die Haupt=Theile so wohl der Oeconomie als auch der Policey und besondern Cameral-Wissenschaft in ihrer natürliche Verknüpfung zum Gebrauch seiner academischen Verfassung entworfen... 1756, S. 17.

[38] Gömmel, R. / Klump, R.: Merkantilisten und Physiokraten in Frankreich, 1994, S. 86.

Allerdings wurde die merkantilistische Politik einer zunehmend grundsätzlichen Kritik unterzogen und die Theorien, auf denen sie basierte, in Frage gestellt. Denn es gab eine Vielzahl von Steuern und Zöllen; während der Adel von der Steuerzahlung freigestellt war, wurden den Bauern nachhaltige Abgaben auferlegt.

Durch die schlechte Situation des Wirtschaftssystems und von den merkantilistischen Vorschriften enttäuscht, soll der Regierungsinspektor für Wareneichen, Vincent de Gournay (1712-1759) die berühmten Worte ausgesprochen haben: „laissez faire, laissez passer" oder „freie Unternehmen, freier Handel."[39]

Frankreich hatte im 18. Jahrhundert eine schwere wirtschaftliche Strukturkrise durchzumachen: die zahlreichen Kriege der französischen Könige hatten nicht nur die Staatsfinanzen zerrüttet, sondern auch das Gewerbe und vor allem die Landwirtschaft schwer getroffen. Die hohe Steuerlast und die niedrigen Getreidepreise hatten zu einer wahren Landflucht geführt, so dass um die Mitte des 18. Jahrhunderts etwa ein Viertel der nutzbaren Agrarfläche verödet war. Unter Rückbesinnung auf die ursprünglichen Produktivkräfte der Nation brachten die Physiokraten einen wesentlichen Gedanken in die ökonomische Lehrgeschichte ein, ja vermutlich hat die physiokratische Theorie die Ökonomie als systematische Wissenschaft überhaupt erst etabliert[40]:

Anders als nach Meinung der Merkantilisten, ist der Reichtum einer Volkswirtschaft nicht das Ergebnis des Handels, sondern der Produktion.[41]

Dreh- und Angelpunkt war hierbei die Auffassung, dass die Landwirtschaft, insbesondere der Ackerbau die „Quelle allen Reichtums" sei: „Nur der Boden enthielt die lebensspendenden Kräfte der Natur, die von Gott ausgingen. Die Produktion in den Manufakturen veränderte die Form des Reichtums, den die Natur gab, und der Handel nur dessen Besitz und Standort."[42]

Francois Quesney (1694-1774), Hofarzt Ludwig XIV., kam zu seinem berühmten Tableau Economique von 1758, um in Anlehnung an den menschlichen Blutkreislauf aufzuzeigen, wie der landwirtschaftliche Überfluss in Form von Renten, Löhnen und Käufen durch die gesamte Wirtschaft floss und dabei allen sozialen Klassen zugute kam. Daraus ergab sich für ihn die Analyse, dass alle Steuern von den Landbesitzern (im Unterschied von den Bauern) bezahlt werden sollten, teilweise, weil sie nicht produktiv seien und teilweise, weil ihr Luxusleben den Einkommensfluss störte.[43]

---

[39] Fusfeld, D.: Geschichte und Aktualität ökonomischer Theorien, 1975, S. 30 f.
[40] Vgl. Häufle, H. Aufklärung und Ökonomie. Zur Position der Physiokraten im siècle des Lumières, 1978, S. 7 ff.
[41] Vgl. Hofmann, W. : Theorie der Wirtschaftsentwicklung, 1971, S. 33 f.
[42] Fusfeld, D.: Geschichte und Aktualität ökonomischer Theorien, 1986, S. 32.
[43] Fusfeld, D.: Geschichte und Aktualität ökonomischer Theorien, 1986, S. 31.

Die für die landwirtschaftliche Produktion, im engeren Sinn den Getreideanbau, benötigten Produktionsfaktoren waren Boden, Arbeitskräfte sowie Kapital in Form von Vorleistungen und Vorschüssen, die sogenannten „avances". Der Einsatz der landwirtschaftlichen „avances" führte nicht nur zur Reproduktion der Vorleistungen, sondern brachte eine Ernte hervor, deren Wert größer war, als die eingesetzten „avances", so dass ein Überschuß, das „produit net" entstand[44]

„Der Mensch lernt es, durch seine Kunst die Natur zu beherrschen; durch die Verschiedenheit der hierbei verrichteten Tätigkeiten entsteht Arbeitsteilung, und mit ihr die eigentliche Struktur der Gesellschaft, welche sich in drei Klassen teilt: Die erste Klasse in Form der Grundeigentümer steht an der Spitze der Gesellschaft. Durch die zuerst auf die Urbarmachung des Bodens verwandte Arbeit haben sie ein Recht auf Privateigentum erworben, das ihnen um dieser im Boden angelegten Arbeit willen auch bleibt, wenn die Bebauung des Grundes schon an die zweite Klasse, die eigentlich produktive der Pächter übergegangen ist."[45]

Während also für die Merkantilisten der fehlende ökonomische Wohlstand in erster Linie als eine Schwächung der Staatsmacht betrachtet wurde, ist für die Physiokraten hingegen der Entwicklungsrückstand ein Indiz für das deutliche Abweichen der tatsächlichen von der natürlichen Weltordnung. Beiden Systemen gemeinsam ist allerdings, dass sie zur Verwirklichung ihrer wirtschaftpolitischen Konzepte auf eine starke Staatsgewalt angewiesen sind.[46]

Prüft man, inwieweit in der physiokratischen Gesellschaftstheorie in Bezug auf das Naturverständnis Aussagen enthalten sind, die auch für die heutige ökonomische Theorie und Praxis von Gewicht sein könnten, ist es zunächst wichtig festzuhalten, dass bei den Physiokraten ausschließlich die Landwirtschaft als Natur angesehen wurde und damit die gesamte Gesellschaftsorganisation davon abhängig war.

Quesneys Natur fand genau dort ihre Schranken, wo es an Eigentumsrechten zur Aneignung des „produit net" fehlte. Eine Aufhebung der physiokratisch gesetzten Schranken der Naturproduktion würde jeden produktiven Umgang mit Materie zur Naturproduktion werden lassen, d.h. dass die physisch-materielle Natur in viel größerem Ausmaß die sozialen Verhältnisse einer Gesellschaft bestimmt.

Aus der Konsequenz, dass alle Produktion und Reproduktion zugleich Natur sind, wie auch alle Natur zugleich Produktion und Reproduktion ist, wäre es nicht mehr möglich, den industriellen Umgang mit Materie als außerhalb der Natur und den natürlichen Umgang als außerhalb der Gesellschaft stehend zu

[44] Vgl. Gömmel, R. / Klump, R.: Merkantilisten und Physiokraten in Frankreich, 1994, S. 112 f.
[45] Vgl. Wernecke, F.: Pestalozzi und die Physiokraten, 1927, S. 56.
[46] Vgl. Gömmel, R. / Klump, R.: Merkantilisten und Physiokraten in Frankreich, 1994, S. 140 f.

bezeichnen. Industrielle Produktion und Reproduktion könnten dann als Naturprozess angesehen werden.[47]

Allerdings war auch das physiokratische Zwischenspiel nur kurz; weit wichtiger war der Aufstieg des Wirtschaftsliberalismus. Er wurde von den kleinen Anfängen im späten 17. und frühen 18. Jahrhundert zum „Mainstream" wirtschaftlichen Denkens und lebt bis heute weiter als die klassische Ideologie des Kapitalismus.[48]

1.4 Ökologische und soziale Auswirkungen der Industrialisierung

Die industrielle Revolution vollzog sich im 18. und 19. Jahrhundert in Europa. Vorreiter war Großbritannien, ihm folgten Belgien und die Schweiz, dann Frankreich und Deutschland und schließlich die skandinavischen Länder Dänemark, Norwegen und Schweden. Sie bedeutete weit mehr als den bloßen Aufbau von Industrie, sondern stellte vielmehr eine umwälzende wirtschaftliche und gesellschaftliche Veränderung dar. Wesentliche Kennzeichen waren die Urbanisierung, die Konzentration von Produktionsmitteln in großen Fabriken, die wirtschaftliche und politische Integration, der rasche technische Fortschritt, der massenhafte Einsatz neuer Energien und die Verkehrsentwicklung[49].

Karl Marx und Friedrich Engels sahen dies vor allem im Kontext der Entstehung der Klassengesellschaft und der „Bourgeoisie". In ihrem kommunistischen Manifest schrieben sie hierzu:

> „Die Bourgeoisie hat das Land der Herrschaft der Stadt unterworfen. Sie hat enorme Städte geschaffen, sie hat die Zahl der städtischen Bevölkerung gegenüber der ländlichen in hohem Grade vermehrt und so einen bedeutenden Teil der Bevölkerung dem Idiotismus des Landlebens entrissen. [...] Sie hat die Bevölkerung agglomeriert, die Produktionsmittel zentralisirt und das Eigentum in wenigen Händen konzentrirt. [...] Unterjochung der Naturkräfte, Maschinerie, Anwendung der Chemie auf Industrie und Ackerbau, Dampfschiffahrt, Eisenbahnen, elektrische Telegraphen, Urbarmachung ganzer Welttheile, Schiffbarmachung der Flüsse, ganze aus dem Boden gestampfte Bevölkerungen [..]"[50].

Die Gründe der rasant steigenden Kohleförderung lagen vor allem im enormen Energiebedarf. Die Gewinnung von Roheisen und Stahl, der Bau von Maschinen, die Herstellung von Lokomotiven und die durch diese erbrachte Verkehrs-

[47] Vgl. Immler, H. Natur in der ökonomischen Theorie, 1985, S. 421 f.
[48] Vgl. Fusfeld, D.: Geschichte und Aktualität ökonomischer Theorien, 1975, S. 32.
[49] Vgl. Buchheim, Ch.: Einführung in die Wirtschaftsgeschichte, 1997, S. 20.
[50] Reiß, W.: Mikroökonomische Theorie, 1998, S. 118.

leistung erzeugten einen riesigen Energiebedarf. Dieser Bedarf ließ sich durch die traditionellen Energieträger wie Holz, Wind sowie tierische und menschliche Antriebskraft nicht mehr decken.

Zwischen 1800 und 1900 stieg allein die Fördermenge an Steinkohle in Deutschland von 0,3 Mio. t/a auf 110 Mio. t/a, und die Roheisenerzeugung erhöhte sich im gleichen Zeitraum von 0,04 Mio. t/a auf 8,5 Mio. t/a[51].

Im Gegensatz zur Kohle waren die alten traditionellen Energieträger jedoch Energiequellen, die sich in absehbarer Zeit regenerierten. Insofern bedeutete die industrielle Revolution aus energetischer Sicht einen Wechsel von regenerativen Energieträgern hin zur massiven Nutzung fossiler Brennstoffe.

Die Industrialisierung und die damit verbundenen Umwälzungen in der Landwirtschaft, aber auch in der Waldnutzung und in der Landschaftsgestaltung, die im 19. Jahrhundert in Europa große Ausmaße annahmen, gaben den Hintergrund für neue Umweltprobleme[52].

Die Bodennutzung im Zeitalter der Industrialisierung ist eng mit dem Namen Justus von Liebig verbunden. Zu einem flächenhaften Durchbruch der bereits in der ersten Jahrhunderthälfte diskutierten Reform der Landwirtschaft im Sinne Liebigs kam es jedoch erst ab 1861, als durch die Industrialisierung Kalisalze als Abfallprodukte billig zur Verfügung standen. Zu den unerwünschten ökologischen Folgen der Mineraldüngung für Pflanzen und Bodengesundheit" kam es erst nach 1920[53].

Am spürbarsten waren die ökologischen Folgen der neuen Industrien durch die Immissionen, welche Gewässer und Luft verunreinigten und für alle sichtbar, riechbar und hörbar waren.

In England entstand so bereits 1819/1820 der first pollution report, 1843 der second pollution report und bereits 1845 der third pollution report. Trotzdem ging 1858 als Jahr des „Great Stink of 1858" in die Geschichte Londons ein: Die verschmutzte Themse legte damals eine derartig extreme Gestankeswolke über die ganze Stadt, dass selbst die Arbeit des englischen Parlaments blockiert war[54].

Städtewachstum und Bevölkerungskonzentration führten zwangsläufig zu einer Konzentration und Verschärfung von Umweltproblemen (pollution microbienne). Oft kumulierten dabei städtisch-private Umweltprobleme und industrielle Umweltverschmutzung, da insbesondere frühe Industriestandorte oftmals innerstädtisch angesiedelt waren. Dies führte zum Ausbau der Stadttechnik (Abwasserentsorgung, Gas- und Wasserversorgung) seit der Mitte des 19. Jahrhunderts.

---

[51] Vgl. Paucke, H./Streibel, G.: Ökonomie contra Ökologie, 1990, S. 14.
[52] Vgl. Zirnstein, G.: Ökologie und Umwelt in der Geschichte, 1994, S. 109.
[53] Schramm, E.: Zu einer Umweltgeschichte des Bodens, 1989.
[54] Vgl. Zirnstein, G.: Ökologie und Umwelt in der Geschichte, 1994, S 118-122.

Zudem erzeugte die notwendige Technisierung im Zuge der Urbanisierung auch wichtige Rückkopplungseffekte auf die spätere industrielle Revolution, betrachtet man z.B. die Elektrotechnik als wichtige Wachstumsbranche. [55]

Als 1851 in London die erste Weltausstellung stattfindet, stellt dies ein deutliches Zeichen eines euphorischen Fortschrittsoptimismus dar. Damit - quasi gesetzmäßig - eng verbunden war seitdem (bis in die 70er Jahre des 20. Jahrhunderts) der Begriff des Wachstums. Seit dem Beginn des 19. Jahrhunderts lag die langfristige Rate des Wachstums in den Industrieländern etwa bei 1,5% im Jahr, was im Vergleich zur vorindustriellen Zeit eine gewaltige Steigerung darstellt, wird doch das durchschnittliche Wachstum des Sozialprodukts pro Kopf für England zwischen dem 11. und 17. Jahrhundert auf 0,3% p. a. geschätzt[56].

1.5 Kritik am Fortschrittsglauben

Während die sich auf die Naturwissenschaften (Newtonsche Physik) stützende Aufklärung (1720 – 1785) den Glauben an den kontinuierlichen Fortschritt der Menschheit vertrat, war die Romantik (1798 – 1835) gegenüber der Fortschrittsgläubigkeit ablehnend eingestellt.

Der Aufklärung widersprachen in ihren Augen die starren Systeme von absoluter Monarchie und der Kirche den Prinzipien einer harmonischen, einfachen und natürlichen Ordnung der Gesellschaft, wozu auch eine marktwirtschaftliche Ökonomie gehörte, die sich nach ihren immanenten Gesetzen und Kriterien selbst optimierte: „Der göttliche Uhrmacher hat sich nach Beendigung der Schöpfung zurückgezogen und begnügt sich mit passiver Kontemplation seines Werkes, das für alle Zeiten seine harmonischen Kreise zieht.[..] Die natürliche Ordnung der menschlichen Handlungen kann von der Vernunft erkannt und programmatisch formuliert werden. Vernunft und Natur konvergieren. Gemeinsam sind ihnen die innere Harmonie, die die Schöpfung überhaupt auszeichnet.“[57]

Insbesondere aus dem revolutionären Frankreich stammt die explizite programmatische Koppelung von Aufklärung, Demokratisierung und Ausbau des Industriesystems. So prognostiziert 1793 der Marquis de Condorcet:

> „daß die Werkzeuge, die Maschinen und Werkstühle die Kraft und Geschicklichkeit des Menschen fortwährend vermehren und zugleich die Produkte besser und feiner machen, wobei überdies die Zeit und

[55] Vgl. Reulecke, J.: Geschichte der Urbanisierung in Deutschland, 1989, S. 13.

[56] Wie entscheidend das ist, machen folgende Zahlen klar: 1990 betrug das Sozialprodukt pro Kopf in den 35 ärmsten Ländern der Welt ca. 360 US-$, während die OECD-Länder (wo es seit langem ein Wachstum pro Kopf gibt) 20.000 US-$ aufweisen. Vgl. Buchheim, Ch.: Einführung in der Wirtschaftsgeschichte, 1997, S. 22 f.

[57] Sieferle, R. P.: Fortschrittsfeinde?, 1984, S. 32-33.

die Arbeitsleistung, die zu ihrer Herstellung aufgewendet werden müssen, abnehmen... Durch diesen Fortschritt der Industrie und der Wohlfahrt jedoch, woraus ein günstigeres Verhältnis zwischen den Fähigkeiten des Menschen und seinen Bedürfnissen sich ergibt, wird jede Generation, ... zu reicherem Genuß und danach ... zu einer Vermehrung der Zahl der Individuen eingeladen"[58]

Zwar wurde die Natur im Grunde bereits in der Aufklärung zum Objekt ästhetischer Anschauung, war doch der Haushalt der Natur Ausdruck einer göttlichen Ordnung, der die Harmonie der Schöpfung widerspiegelt, allerdings sollte die Schönheit immer mit einer Nützlichkeit verbunden sein, Landesverschönerung[59] bspw. in der Anlage von Landeskulturen sah ihre Aufgabe darin, Schönheit als verwirklichte Nützlichkeit zu gestalten.

Die „Ökonomisierung der Natur" zeigt sich besonders deutlich an dem Werk „Gemeinnützige Naturgeschichte" von Johann Matthäus Bechstein (1801), in dem die Tiere einem reinen Nutzen-Schadens-Kalkül unterzogen werden. Unter dem Stichwort „Rothirsch" bemerkt er:

> „Der Vorzug, den der Mensch diesem Thiere vor allen anderen wegen seiner Schönheit einräumt, hat verursacht, daß man von jeher darauf bedacht gewesen ist, alles von ihm zu nutzen".[60]

Es bedarf also aufgrund ästhetischer Momente einer breiten legitimatorischen Basis, Hirsche zu töten; der von ihnen verursachte Schaden (z.B. Verbiss) alleine ist nicht hinreichend. Als notwendige Bedingung hingegen ist reichhaltige gesellschaftliche Nutzen (Fleisch, Geweih, Haut etc.) des Tieres anzusehen.

Gerade hier setzt der zentrale Kritikpunkt der Romantik an: sie lehnt die Wirklichkeit mit ihrer vom reinen Gewinnstreben und Nützlichkeitsdenken des beginnenden industriellen Zeitalters geprägten Gesellschaft ab, in dem alles nur unter dem Aspekt der Verwertbarkeit gesehen werde und keine Geheimnisse mehr übrig lässt. Insbesondere Johann Gottlieb Fichte beschwor in seinen Ideen zu einer Philosophie der Natur (1797) die Einheit von Natur und Geist. Alexander von Humboldt prägte 1799 den Begriff „Naturdenkmal", mit dem mit dem im 19. Jahrhundert ungewöhnliche Naturgegenstände bezeichnet wurden, die wie Kunstdenkmäler bewahrt werden sollten. Der Forstwirt Gottlieb König schrieb1859:

---

[58] Condorcet, M. de. 1793: Entwurf einer historischen Darstellung der Fortschritte des menschlichen Geistes, 1976, S. 207 f.

[59] Vgl. hierzu auch Gröning, G.: Anmerkungen zu Gustav Vorherrs Idee der Landesverschönerung, in: Bayerl/Fuchsloch/Meyer (Hg.): Umweltgeschichte, 1986, S. 159-186.

[60] Bayerl/Mayer: Glückseligkeit, Industrie und Natur - Wachstumsdenken im 18. Jahrhundert, 1996, S. 156.

> „Seltene, besonders große, herrliche Bäume und Bestände sollte man erhalten, solange wie möglich... Vernichten wir vollends die riesigen Überbleibsel der Vorzeit: so bleibt nichts, was die Zukunft mahnen könnte an treuere Befolgung ewiger Naturgesetze“[61]

Die ästhetische Empfindsamkeit wurde zum Gegenbegriff einer dem Geist des Rationalismus verpflichteten Vernünftigkeit. Der ästhetische Zugang zur Natur besetzte die Leerstelle, die die abgelöste mittelalterliche metaphysische Betrachtungsweise hinterlassen hatte. Der Entzauberung der Welt wurde entgegengewirkt durch eine neue Verzauberung. „Die Natur wird als Klammer für den Zusammenhang von Individuum und Volk beschworen. Vermittelt über die Natur, in der die Menschen über Generationen hinweg gearbeitet und gelebt haben, werden sie zu einer Einheit als Volk. Diese Einheit wird durch die Industrialisierung zerstört, die den Einzelnen sowohl aus der Einheit des Volkes reißt, welches in Klassen getrennt wird, wie auch aus der Einheit mit der Natur durch die industrielle Produktionsweise“[62].

Im Bereich der Nationalökonomie ist vor allem Adam Smith (1723-1970) als wichtigster unter den Vertretern des ökonomischen Liberalismus zu nennen. Er gilt heute als Gründer der modernen Nationalökonomie.[63]

Vor ihm gehörten zu den ersten Wirtschaftsliberalen Dudley North (1641-1691), der in seinem Buch „Discources Upon Trade“ starke Argumente für den freien Handel brachte und die merkantilistische Annahme, daß eine aktive Handelsbilanz wirklich wünschenswert sei, attackierte. Diese Argumentation wurde von David Hume (1711-1776) unterstützt, der 1752 die Unmöglichkeit der dauerhaften Aufrechterhaltung einer aktiven Handelsbilanz aufgrund langfristig gleichgewichtigen Entwicklung von Exporten und Importen aufzeigte.[64]

Weder im Handel (Merkantilisten), noch in der Landwirtschaft (Physiokratie) lag nach Ansicht der Wirtschaftsliberalen die Quelle des Reichtums, sondern in der menschlichen Arbeit.

Für den englische Philosophen John Locke (1632-1704) war sowohl Reichtum wie auch Privateigentum das Produkt menschlicher Arbeit:

> „Gott hat die Welt den Menschen insgesamt gegeben... Doch jeder Mensch hat Eigentum an seiner eigenen Person. Die Arbeit seines Körpers, die Arbeit seiner Hände, so können wir sagen, sind eigentlich sein. Was also immer er am Naturzustand ändert, wegnimmt oder hin-

[61] König, G.: Die Waldpflege, aus der Natur und Erfahrung neu aufgefasst, 1859, S. 342.
[62] Menard, M./Bischoff, J. (Hg.): Ökologie und Ökonomie,1980, S. 103-104.
[63] Vgl. Fusfeld, D.: Geschichte und Aktualität ökonomischer Theorien, 1975, S. 37.
[64] Fusfeld, D.: Geschichte und Aktualität ökonomischer Theorien, 1975, S. 33.

zufügt, er hat seine Arbeit eingebracht und etwas geschaffen, das ihm gehört und somit sein Besitz ist.“[65]

Die herausragende Leistung Adam Smiths ist darin zu sehen, dass es ihm gelang, den Merkantilismus theoretisch zu überwinden. Er forderte anstelle von zentraler Lenkung ein Wirtschaftssystem, das vom Eigeninteresse des Einzelnen ausging. Er versprach eine harmonische natürliche Ordnung, wenn möglichst viele Beschränkungen und Vorschriften beseitigt würden und das Individuum sich frei entfalten könne, wobei Staat und Wirtschaft fast ganz getrennt werden sollten. Diese, auf den Gedanken der Aufklärung basierenden, revolutionären Forderungen, beschleunigten die Auflösung der alten wirtschaftlichen Ordnung und unterstützten die industrielle Revolution.[66]

1776 erschein sein bedeutendstes Werk, das “Wealth of Nations“[67]. Verkürzt könnte das Credo dieses von optimistischer Grundhaltung geprägten Buches lauten: „Ihr könnt es schaffen!“[68] Diese Sichtweise der ökonomischen und gesellschaftlichen Zukunft ist wohl auch aus der Summe der Erfahrungen zu verstehen, die Smith bis dahin gemacht hatte: Anfang des 18. Jahrhunderts erlebt die englische Wirtschaft einen breiten Aufschwung insbesondere durch die Ausweitung des Außenhandels. Außerdem blieben die Lebensmittelpreise trotz wachsender Bevölkerung aufgrund einer gesteigerten Produktivität in der Landwirtschaft stabil, so dass auch gesellschaftliche Stabilität herrschte.[69] Darüber hinaus hatte sich unter fortschrittlichen Geistern die Auffassung durchgesetzt, dass jeder Mensch ein natürliches Recht auf Glückseligkeit besitzt - wobei „natürlich“ soviel bedeutete wie „von Gott gegeben“.[70]

1.6 Stationärer Zustand – Zwangsläufiger Endpunkt für Wachstum und Verteilungsmöglichkeit?

In dieser sich ständig verändernden Wirtschaft und einer Gesellschaft, die sich in einem Fortschritt befand, der sich auf etwas zu bewegte, was eine bessere Welt zu sein schien, versuchten die (Wirtschafts-)Wissenschaftler ihrer Zeit ein Problem theoretisch zu lösen: welches waren die Prinzipien, die geordnete soziale Beziehungen in einer individualistischen, vom Wettbewerb beherrschten und sich ständig verändernden Gesellschaft hervorbrachten? Und würden Regie-

[65] Fusfeld, D.: Geschichte und Aktualität ökonomischer Theorien, 1975, S. 35.
[66] Vgl. Reiß, W. : Mikroökonomische Theorie, 1989, S. 27.
[67] Der volle Titel lautet: „An Inquiry into the Nature and the Causes of the Wealth of Nations“.
[68] Vgl. Starbatty, J.: Die englischen Klassiker in ihrer Zeit, 1985, S. 7 ff.
[69] Starbatty, J.: Die englischen Klassiker in ihrer Zeit, 1985, S. 13 f.
[70] Vgl. Koesters, P.-H.: Ökonomen verändern die Welt, 1985, S. 17.

rungsvorschriften und Kontrollen den Fortschritt einer solchen Gesellschaft eher behindern oder eher fördern?[71]

Smith sah in einer liberalen Marktwirtschaft vor allem zwei Prinzipien wirken, die sich auf den ersten Blick gegenseitig ausschließen: Freiheit und Notwendigkeit. Sobald man Freiheit als das Fehlen von Behinderung definiert, kommen die beiden Begriffe zusammen. Die von Smith empfohlene Marktwirtschaft entfaltet sich frei, wenn ihr der Staat keine Einschränkungen auferlegt. Bei ihrer freien Entfaltung jedoch gehorcht sie notwendig ökonomischen Gesetzen – wie dem vom Wettbewerb, das die Preise reguliert:[72]

> „Wenn der Preis irgendeines Gutes gerade dem entspricht, was an natürlichen Kosten entstand, für das gepachtete Land, für die Arbeitslöhne und für die Gewinne aus dem eingesetzten Kapital zur Aufbringung, Verarbeitung und zum Transport zum Markt, so wird das Gut für das verkauft, was man seinen natürlichen Preis nennen könnte...für genauso viel wie es wert ist, oder was es die Person wirklich kostet, es auf den Markt zu bringen. Wenn die Menge irgendeines Gutes, welches auf den Markt gebracht wird, geringer ist, als die tatsächliche Nachfrage, können alle diejenigen, die bereit sind, zu bezahlen, nicht mit der Menge versorgt werden, die sie haben wollen... Einige werden bereit sein, mehr zu geben. Sofort wird ein Wettbewerb zwischen ihnen beginnen und der Marktpreis wird steigen... Wenn die auf den Markt gebrachte Menge die tatsächliche Nachfrage übersteigt, kann nicht alles an jene verkauft werden, die bereit sind, den Gesamtwert der Pachten, Löhne und Gewinne zu bezahlen, welche bezahlt werden mussten, um sie hierher zu bringen...Der Marktpreis wird fallen..."[73]

Nach Smiths Sichtweise entscheiden nicht exogene Faktoren, wie Goldzufuhr oder Bodenqualität, über den Wohlstand der Nationen, sondern Geschicklichkeit der Hände und geistige Findigkeit, die Arbeitsvorgänge zur Herstellung eines Produktes so gliedert, dass sich mehrere die Arbeit teilen und damit ihre Arbeitsproduktivität verdoppeln, verhundertfachen, vertausendfachen, was er an seinem berühmt gewordenen Stecknadelprinzip demonstriert.[74]

Wenn ich etwas von dir will, so argumentiert Smith, muss ich irgendetwas produzieren, was du willst, um mit dir tauschen zu können. Beide gewinnen wir, weil wir beide etwas abgeben, was weniger Wert für uns hat, als das Produkt, das wir im Tausch erhalten; so hat das Wohl beider zugenommen:

---

[71] Vgl. Fusfeld, D.: Geschichte und Aktualität ökonomischer Theorien, 1975, S. 44-45.
[72] Vgl. Koesters, P.-H.: Ökonomen verändern die Welt, 1985, S. 17.
[73] Fusfeld, D.: Geschichte und Aktualität ökonomischer Theorien, 1975, S. 47-48.
[74] Vgl. Starbatty, J.: Die englischen Klassiker in ihrer Zeit, 1985, S. 11 f.

> „Nicht durch das Wohlwollen des Schlachters, Brauers oder Bäckers erhalten wir unser Abendbrot, sondern weil sie ihre eigenen Interessen verfolgen. Wir wenden uns nicht an ihre Menschlichkeit, sondern an ihre Eigenliebe und sprechen niemals zu ihnen über das, was wir selbst benötigen, sondern über ihre Vorteile“[75]

Er stellt dabei die Sparsamkeit der Menschen noch über den Erwerbsfleiß, weil die eine die Bedingung des anderen sei:

> „Das nationale Jahresprodukt aus Boden und Arbeit kann an Wert lediglich dann zunehmen, wenn die Zahl der produktiv Beschäftigten oder deren Produktivkraft erhöht wird. Es leuchtet ohne weiteres ein, daß ihre Anzahl nur durch vermehrten Kapitaleinsatz oder größere Fonds für ihren Unterhalt zu steigern ist. Die Produktivkraft einer gleichen Zahl Arbeiter wiederum kann nur dann zunehmen, wenn mehr oder bessere Maschinen und Werkzeuge, welche die Arbeit erleichtern oder verkürzen, eingesetzt werden oder wenn Arbeitsteilung und Arbeitseinsatz zweckdienlicher, effizienter, werden. Beides erfordert in der Regel zusätzlich Kapital.“[76]

Beachtenswert ist, daß Smith selbst das Ende des Wohlstands an den Grenzen von Boden und Klima sah.[77]

Smith nimmt in gewissem Sinn den kapitalistisch-industriellen Akkumulationsprozeß der folgenden zwei Jahrhunderte vorweg. In der Tat wuchs das gegen Zins ausgeliehene Kapital an und wurde zum Motor für die kapitalistisch-industrielle Produktionsweise schlechthin. Mit Smith kam in der ökonomischen Praxis und Theorie allmählich zum Durchbruch, was begrifflich schon bei Locke vorbereitet war: Seine Akkumulationstheorie beinhaltet nicht mehr allein die Möglichkeit eines Konflikts von Wert und Natur, sondern dessen gesetzmäßige Notwendigkeit, denn seine Bedingungen von Wertakkumulation und Kapitalverwertung induzieren ein ökonomisches Verhalten der Wirtschaftssubjekte, bei denen exponentielle Verlaufsprozesse des Wertwachstums erwartet werden müssen, während die physisch-materiellen Wachstumsverläufe immer an naturale Schranken stoßen und - gerade langfristig - nicht exponentiell sein können.

Dieser zwischen Wert und Natur permanent wirkende Konflikt erschien in den Anfangsstadien marktwirtschaftlich-kapitalistischer Entwicklung noch nicht relevant. Er muss sich aber umso mehr zu einer existentiellen Zerreißprobe des ganzen Wirtschaftssystems entwickeln, je stärker der grenzenlose Drang zur

[75] Fusfeld, D.: Geschichte und Aktualität ökonomischer Theorien, 1975, S. 45.
[76] Smith, A.: Der Wohlstand der Nationen, 1978, S. 17.
[77] Vgl. Steger, U.: Umwelt und Ökonomie, 1994, S. 53.

Wertproduktion auf physisch-naturale Produktionsschranken stößt und mit ihnen kollidiert.[78]

Smiths Bild von der sozialökonomischen Harmonie der gesellschaftlichen Klassen hatte sich schon zu seinen Lebzeiten von der Wirklichkeit der Manufakturen des allmählich anwachsenden Fabriksystems entfernt. Es ent- und bestanden nicht nur zunehmend soziale Klassen, sie führten auch einen ökonomischen Verteilungskampf.

Bislang war der selbständige Handwerker mit ein oder zwei zusätzlichen Arbeitskräften, dem eigenen Stück Land hinter dem Haus und dem Recht auf Nutzung der Gemeindewiese typisch für die Arbeitswelt gewesen, so wurden es nun ausgangs des 18. Jahrhunderts die Massenproduktion und der lohnabhängige, städtische Arbeiter.[79]

Physisches Elend hatte es schon in der herkömmlichen Agrargesellschaft gegeben, neu war der Typus des „Proletair", der nicht mehr nur ein plebejisch-unterständischer Armer war, sondern der durch das Fabriksystem aus jedem gesellschaftlichen Zusammenhang gerissen wurde. Die Kritik am Pauperismus unterscheidet daher die „traditionellen Armen" von den „künstlich Brotlosen". Der Pauperismus wurde zum Skandal einer vermeintlichen Harmonie; für die Kritiker der Industrialisierung war hier die wunde Stelle ausgemacht worden, von der her das ganze System in Frage gestellt werden konnte. Die staatliche Bürokratie dagegen sah hier ein Feld für sozialpolitische Aufgaben und brauchte zudem nicht länger zu befürchten, daß sie durch den Automatismus einer freien Marktwirtschaft überflüssig gemacht würde.[80]

In dieser Zeit sind Ricardo und Malthus aufgewachsen und hatte für ihre Weltsicht eine prägende Wirkung.[81]

Ricardo sieht zunächst ein „natürliches" Lohnniveau, was der Arbeitsbevölkerung gerade ermöglicht, sich zu reproduzieren. Das Nichtarbeitseinkommen (Rente und Profit) hängt vom gesellschaftlichen Überschussprodukt (Surplus) ab, also der Differenz zwischen dem Jahresprodukt und der Summe aller zu seiner Erzeugung nötigen Güter. Die Frage nach der Verteilung des Surplus auf Rente und Profit wird durch seine Theorie der Grundrente beantwortet:[82]

> „Es bleibt uns indessen zu betrachten übrig, ob die Aneignung von Grund und Boden, sowie die daraus folgende Entstehung der Rente, in dem relativen Werte der Güter irgendeine Veränderung erzeugen wird, die von der zu ihrer Produktion erforderlichen Arbeitsmenge un-

[78] Vgl. Immler, H. Natur in der ökonomischen Theorie, 1985, S. 167 f.
[79] Vgl. Starbatty, J.: Die englischen Klassiker in ihrer Zeit, 1985, S. 14.
[80] Vgl. Sieferle, R. P.: Fortschrittsfeinde?, 1984, S. 120.
[81] Vgl. Starbatty, J.: Die englischen Klassiker in ihrer Zeit, 1985, S. 15.
[82] Vgl. Kurz, H.: David Ricardo. Geiz der Natur, 1993, S. 14 f.

abhängig ist. Um diese Seite des Gegenstandes zu verstehen, müssen wir die Natur der Rente und die Gesetze untersuchen, welche ihr Steigen oder Sinken bestimmen. Die Rente ist der Teil vom Ertrage der Erde, welcher dem Grundbesitzer für die Benutzung der ursprünglichen und unzerstörbaren Kräfte des Bodens bezahlt wird.

Bei der ersten Besiedlung eines Landes, wo es eine Fülle von reichem und fruchtbarem Boden gibt, von dem nur ein sehr geringer Teil für den Unterhalt der vorhandenen Bevölkerung bebaut zu werden braucht, oder mit dem der Bevölkerung zur Verfügung stehenden Kapitale tatsächlich bebaut werden kann, wird es keine Rente geben. Denn niemand würde etwas für die Benutzung des Bodens bezahlen, wenn eine große Fülle noch nicht angeeignet, und infolgedessen zur Verfügung eines jeden wäre, der ihn bebauen möchte.

Nach den gewöhnlichen Grundsätzen von Angebot und Nachfrage könnte man für solchen Boden keine Rente bezahlen, aus dem festgestellten Grunde, weil nichts gegeben wird für die Benutzung von Luft und Wasser oder für eine andere der Gaben der Natur, die in grenzenloser Menge vorhanden sind. Maschinen können mit einer gegebenen Menge von Materialien und mit Hilfe des Atmosphärendruckes und der Spannkraft des Dampfes Arbeit leisten und menschliche Arbeit in sehr erheblichem Maße abkürzen; aber durch die Benutzung dieser natürlichen Hilfsmittel entstehen keine Kosten, weil sie unerschöpflich sind und zu jedermanns Verfügung stehen. Auf dieselbe Weise gebraucht der Brauer, Brenner und Färber unausgesetzt Luft und Wasser für die Erzeugung seiner Güter. Da aber der Vorrat davon unbegrenzt ist, haben sie keinen Preis. Wenn jeder Boden dieselben Eigenschaften besäße, wenn er an Menge unbegrenzt und an Güte gleich wäre, dann könnte für seine Benutzung nichts gefordert werden, außer wo er besondere Vorteile der Lage besäße. Also nur weil der Boden an Menge nicht unbegrenzt und an Qualität nicht gleich ist, und weil bei der Zunahme der Bevölkerung Boden von geringerer Qualität oder weniger vorteilhafter Lage in Anbau genommen wird, wird für seine Benutzung jemals eine Rente bezahlt. Wenn bei dem Fortschritt der Gesellschaft Boden von Fruchtbarkeit zweiten Grades bebaut wird, entsteht auf dem erstklassigen sofort eine Rente, deren Betrag von der Differenz der Qualität dieser beiden Bodenarten abhängen wird [..].“[83]

Die Existenz von Grundrente ist demnach kein Zeichen der „Freigiebigkeit der Natur“ wie Smith meinte, sondern ein Zeichen ihres „Geizes“. Wird die Getreideproduktion ausgedehnt, so steig zwar das Surplus, aber ein wachsender Teil

[83] Ricardo, D.: Grundsätze der Volkswirtschaft und Besteuerung, 1921.

davon fließt an die Grund-, ein steigender an die Kapitaleigentümer. Es kommt zum Fall der Profitrate, die die Schlüsselgröße des Systems darstellt und das Tempo bestimmt, mit dem die Wirtschaft wächst.

> „Ein in die Landwirtschaft investiertes Kapital mag für den einzelnen, der es investiert hat, unproduktiv sein; dennoch kann es sich für die Gesellschaft als höchst produktiv erweisen. Im Gegensatz dazu mag ein im Handelsgeschäft investiertes Kapital für den einzelnen höchst produktiv sein, für die Gesellschaft aber nahezu unproduktiv."[84]

Das zweite Element seiner Theorie ist die Arbeitswertlehre: Im Gegensatz zu Smith bestimmen nicht Angebot und Nachfrage den Preis einer Ware, sondern den in die Ware eingebrachten Arbeitswert. Grundrenten- und Arbeitswert kombiniert, ergeben ein Szenario, in dem der Kapitalismus über den Fall der Profitrate in eine Stagnation führt:

> „Indem Europa die Betriebsamkeit der Städte anstachelte, anstatt den Fleiß auf dem Lande aufzumuntern, hat es vielleicht ein frühzeitiges Altern herbeigeführt. Würde in dieser Hinsicht eine andere Politik verfolgt, könnte jedem Staat frisches Leben und neue Kraft eingeflößt werden."[85]

Durch fehlenden technischen Fortschritt in der Landwirtschaft verteuert sich Getreide relativ zu den Industriepreisen, da die Getreideproduktion nur zu steigenden Arbeitskosten ausgedehnt werden kann; ein immer höherer Anstieg der Grundrenten und Bodenpreise wären die Folge.[86]

In Gegenposition zu Smith lag es nicht in der Hand der Menschen, wie sie ihr Schicksal meisterten, sondern in der Hand der Natur, ob sie Hunger leiden müssten oder nicht. Anstatt der Wohlstandsmehrung stand für Ricardo die Verteilung des wenigen, was die Erde hergibt, im Vordergrund:

> „Die Gesetze aufzufinden, welche diese Verteilung bestimmen, ist das Hauptproblem der Volkswirtschaftslehre.[87]"

Allerdings weist das Naturverständnis bei Ricardo den Mangel auf, dass er zwar eine allgemeine Naturbeteiligung, also eine Art Naturbasis aller Produktion, erkannte, aber eine spezifisch-historische Mitproduktivität der Natur völlig bestritt und somit auch ihre Beteiligung an der Wertbildung ausschloss. Wegen der angenommenen Wertlosigkeit der Natur schlägt sich ihre Zerstörung in keiner Weise als Verminderung des Wertes nieder. Im Gegenteil: die Beseitigung der Zerstörungen durch Arbeit lassen in dieser Denkweise sogar neuen Wert (im

---

[84] Winkler, H.: Malthus. Krisenökonom und Moralist, 1996, S. 36.
[85] Winkler, H.: Malthus. Krisenökonom und Moralist, 1996, S. 36.
[86] Kurz, H.: David Ricardo. Geiz der Natur, 1993, S. 14 f.
[87] Ricardo, D.: Grundsätze der politischen Ökonomie und der Besteuerung, 1972, S. 33.

Umfang der aufgewendeten Arbeitszeit) entstehen: „Das naturale Produktionsniveau der Gesellschaft kann wie eine Lawine ins Tal stürzen, der von Ricardo überzeugte Wanderer merkt gar nicht, daß er auf dieser abstürzenden Lawine steht, stattdessen glaubt er, mit jedem Schritt nach oben bisher nicht erreichte Höhen erklimmen zu können.“[88]

Thomas Robert Malthus (1766-1834) zeichnete ein noch wesentlich düstereres Bild der ökonomischen und gesellschaftlichen Zukunft und beschwor einen Teufelskreis aus Bevölkerungswachstum:

> „Es kann ruhig ausgesprochen werden, daß sich die Bevölkerung stets innerhalb von 25 Jahren verdoppelt oder in einem geometrischen Verhältnis zunimmt, falls sich ihr keine Hemmung entgegenstellt.“[..]„Wenn wir zugeben, daß bei der bestmöglichen Politik und der größten Förderung der Landwirtschaft die durchschnittliche Produktion unserer Insel sich in den ersten 25 Jahren verdoppeln könnte, dann hieße das wahrscheinlich eine größere Vermehrung annehmen, als wir vernünftigerweise erwarten dürfen. Es ist ganz ausgeschlossen, daß die Erzeugnisse in den folgenden 25 Jahren vervierfacht werden könnten. Dies würde allem widersprechen, was wir von den Kräften des Bodens wissen. Die Verbesserung unfruchtbarer Strecken wäre eine Zeit und Arbeit erfordernde Tätigkeit und es muß jedem mit landwirtschaftlichen Dingen auch nur einigermaßen Vertrauten einleuchten, daß im Verhältnis zur Ausdehnung der Landwirtschaft der Zuwachs, um den sich die bisherige Durchschnittsproduktion jährlich vermehrt, allmählich und regelmäßig abnehmen muß.“[89]

und Verelendung:

> „Ein Mensch, der in eine schon vollbesetzte Welt hineingeboren wird, der von seinen Eltern nicht jenen Unterhalt bekommen kann, der ihm rechtmäßig zusteht, und dessen Arbeit die Gesellschaft nicht bedarf, dieser Mensch hat keinen Anspruch auf den kleinsten Teil an Nahrung und hat tatsächlich kein Recht, dort zu sein, wo er ist. An der mächtigen Festtafel der Natur ist kein Gedeck für ihn bereit. Die Natur sagt ihm, sich hinwegzuscheren und wird ihren eigenen Befehl schnell ausführen, es sei denn, daß er das Mitleid einiger ihrer Gäste erregt. Wenn nun diese Gäste aufstehen und Platz für ihn machen, erscheinen sofort andere Eindringlinge, um dieselbe Gunst zu verlangen. Die Kunde vom Schmaus für alle, die kommen, füllt die Halle mit weiteren Bewerbern. Die Ordnung und Harmonie des Festes wird gestört, die vorherige Fülle an Essen verwandelt sich in Knappheit; die Fröh-

---

88 Immler, H. Natur in der ökonomischen Theorie, 1985, S. 196.

89 Malthus, T .R.: Das Bevölkerungsgesetz, 1977.

> lichkeit der Gäste wird zunichte gemacht durch den Anblick von Elend und Abhängigkeit im ganzen Saal und das flehende Geschrei jener, die zu Recht empört sind über die verschwundenen Leckerbissen, die ihnen versprochen waren. Die Gäste erkennen ihren Fehler zu spät, sie haben die Befehle der großen Gastgeberin des Festes mißachtet, die, da sie alle ihre Gäste ausreichend versorgen will und weiß, daß sie nicht eine unbeschränkte Anzahl befriedigen kann, aus Menschlichkeit allen weitere Ankömmlingen den Zutritt verweigerte, als die Tafel voll war."[90]

Im Zentrum seines Essays „Das Bevölkerungsgesetz" steht das antiutopistische Argument: Wenn man die Lage der Armen durch Umverteilung des Reichtums verbessert, so wird dies dazu führen, dass eine größere Zahl ihrer Kinder überlebt, so dass die Zahl der Armen rasch zunehmen wird. Diese so angewachsene Bevölkerung wird dann den durch Umverteilung gewonnenen Wohlstand bald wieder verzehrt haben, so dass zwar mehr Menschen existieren, aber alle in Armut und Elend leben. Die Projekte der Sozialreformen stoßen also an eherne Naturgesetze der Ökonomie, deren scheinbare Überwindung dadurch bestraft wird, dass die Übel, die man beseitigen wollte, in größerem Umfang wiederkehren[91]: Die Armengesetze produzierten in den Augen Malthus genau die Armut, die sie lindern sollen.

Das Bevölkerungswachstum förderte in der Landwirtschaft zunehmend die Verlagerung von der traditionellen Selbstversorgung zum intensiven Anbau für den Markt. Auch in Deutschland stand in diesem Zusammenhang die Frage nach einer gerechten Einkommensverteilung im Mittelpunkt ökonomischer Konzeptionen.

Johann Heinrich von Thünen (1783-1850), selbst Gutsbesitzer, entwickelte, ausgehend von den empirisch gewonnenen Erkenntnissen aus einer um einen zentralen Markt herum betriebenen Landwirtschaft, in seinem „Isolierten Staat" das Modell einer geschlossenen Volkswirtschaft. Mit Hilfe dieses Modells, in dem die Entfernung zur Stadt die einzige Variable ist, entwickelt er seine Standorttheorie: Je geringer die Entfernung und damit die Transportkosten, desto intensiver die Bewirtschaftung, also der Einsatz von Arbeit und Kapital. Auf diese Weise entstehen konzentrische Zonen, die sog. „Thünischen Ringe": In der ersten Zone werden Gartenbau und Milchwirtschaft betrieben, an der Peripherie die weniger transportintensive Viehhaltung.[92]. er hat damit als erster Theoretiker die wirtschaftlichen Erscheinungen unter dem räumlichen Gesichtspunkt einer Analyse unterzogen.[93]

---

[90] Malthus, Th. R.: An Essay on the Principle of Population, 1803, pp. 531-2.
[91] Vgl. Sieferle, P.: Bevölkerungswachstum und Naturhaushalt, 1990, S. 89-90.
[92] Vgl. Eglau, H. O.: Johann Heinrich von Thünen, 1993, S. 55 f.
[93] Vgl. Stavenhagen, G.: Geschichte der Wirtschaftstheorie, 1969, S. 109.

Zugleich suchte er einen Weg zur Bestimmung des maximalen Reinertrags über die Frage, wie lange es sich für einen Landwirt lohnt, im Ackerbau mehr Arbeitskräfte oder Düngemittel einzusetzen. Mit einer für heute evident, aber für die damalige Zeit fast revolutionär, erscheinenden Methode gab er die Antwort, dass der Einsatz einer zusätzlichen Arbeitskraft oder einer zusätzlichen Mengeneinheit eines Düngemittels immer vorteilhafter sei, solange die entstehenden Mehrkosten kleiner seien, als der Preis des entsprechenden Mehrertrages.[94]

Damit kommt ihm das Verdienst zu, erstmalig das Prinzip der Grenzproduktivität entwickelt und in eindeutiger Weise formuliert zu haben.[95]

Das bis heute aktuelle Problem der gerechten Einkommensverteilung versuchte er mit Hilfe der Grenzproduktivität zu lösen und illustrierte seine Lohntheorie am Beispiel der Kartoffelernte:

> „1. daß eine Steigerung des Arbeitslohns bei gleichbleibenden Wert der Produkte eine Verminderung der anzustellenden Arbeiter und gleichzeitig eine Verringerung des Ertrags der einzusammelnden und auszudreschenden Früchte bewirkt;
>
> 2. daß eine Steigerung des Werts der Produkte bei gleichbleibenden Arbeitslohngerade die entgegengesetzte Wirkung hat, indem alsdann mehr Arbeiter mit Vorteil angestellt, und die Früchte sorgfältiger eingesammelt und reiner ausgedroschen werden können, also einen größeren Ertrag liefern;
>
> 3. da es im Interesse der Unternehmer legt – diese mögen Landwirte oder Fabrikanten sein – die Zahl ihrer Arbeiter so weit zu steigern, als aus deren Vermehrung noch ein Vorteil für sie erwächst, so ist die Grenze dieser Steigerung da, wo das Mehrerzeugnis des letzten Arbeiters durch den Lohn, den derselbe erhält, absorbiert wird; umgekehrt ist also auch der Arbeitslohn gleich dem Mehrerzeugnis des letzten Arbeiters."[96]

Den aus seiner Sicht „naturgemäßen Arbeitslohn" definierte er als Quadratwurzel aus dem Existenzminimum multipliziert mit dem Wert des Arbeitsprodukts: $l = \sqrt{ap}$[97]

Auch John Stuart Mill (1809-1873) war angesichts des anscheinend unaufhaltsamen Bevölkerungswachstums ein Anhänger der später von Ferdinand Lasalle als „ehernes Lohngesetz" apostrophierten Theorie des Arbeitslohnes:

---

[94] Vgl. Eglau, H. O.: Johann Heinrich von Thünen, 1993, S. 56.
[95] Vgl. Stavenhagen, G.: Geschichte der Wirtschaftstheorie, 1969, S. 112.
[96] Thünen, J.H.: Der isolierte Staat in Beziehung auf Landwirtschaft und Nationalökonomie, 1850.
[97] Vgl. Eglau, H. O.: Johann Heinrich von Thünen, 1993, S. 56.

„[..] Daß der durchschnittliche Arbeitslohn immer auf den notwendigen Lebenshalt reduziert bleibt, der in einem Volke gewohnheitsmäßig zur Fristung der Existenz und zur Fortpflanzung erforderlich ist."[98]

Allerdings genügte es ihm nicht, wie Smith und Ricardo, zu untersuchen, was dabei herauskommt, wenn Menschen lediglich ihre eigenen materiellen Interessen verfolgen und dabei miteinander konkurrieren. Sie handeln vielmehr entsprechend alter Sitten und Gebräuche. Somit waren Konkurrenz und Markt nicht natürliche, sondern geographisch und historisch eng begrenzte Phänomene; andere Mentalitäten und andere Gebräuche brachten andere Wirtschaftssysteme hervor, die es zu untersuchen galt. Nur wenn man die Gesellschaft als Ganzes im Auge behält, kann die Wirtschaft eines Landes begriffen werden.[99]

Wie vor ihm Smith und Ricardo, erwartete Mill, daß das Wachstum in nicht allzu ferner Zukunft in Stagnation übergehen müsse. Im Gegensatz zu seinen Vorgängern jedoch sah er darin keinen Grund zur Klage, denn es sei nicht einzusehen, dass Menschen, die bereits jetzt reicher sind als man zu sein braucht, ihren Konsum verdoppeln sollten, mit keinem oder nur geringen Vergnügen zur Folge außer demjenigen, Wohlstand zu repräsentieren[100]; er glaubte nicht, dass diese, die gegenwärtige Form der Gesellschaft ausmachende Form, das erstrebenswerte Schicksal der Menschheit sei.[101]

MILL versuchte daher, dem absehbaren stationären Zustand dadurch seinen Schrecken zu nehmen, dass er empfahl, die Bevölkerungsgröße unterhalb des theoretischen Maximums zu stabilisieren – nicht zuletzt aus Gründen eines ästhetisch motivierten Schutzes der Natur vor exzessiver landwirtschaftlicher Nutzung:[102]

„Eine Bevölkerung kann zu groß sein, obwohl alle hinreichend mit Nahrung und Kleidung versorgt sind. Es ist nicht gut für den Menschen, wenn er gezwungen ist, sich jederzeit der Gesellschaft anderer Menschen auszusetzen. Eine Welt, in der Alleinsein nicht mehr möglich ist, stellt ein armseliges Ideal dar. Einsamkeit, d.h. häufige Beschäftigung mit sich selbst, ist eine wesentliche Voraussetzung für jedes tiefere Denken und für die Charakterbildung; und Einsamkeit an-

[98] Lassalle, F.: Gesammelte Reden und Schriften, 1919, Dritter Band: Offenes Antwortschreiben, zuerst erschienen 1863 in Zürich, S. 60, zit. nach: Reiß, W. : Mikroökonomische Theorie, 1998, S. 96.
[99] Vgl. Zank, W.: John Stuart Mill, 1993, S.23.
[100] 1899 veröffentlichte Thorstein Veblen ganz im Sinne MILL'S seine „Theorie der feinen Leute", in dem er zu dem demonstrativen Müßiggang und Konsum als Ausdruck des Konfliktes zwischen egoistischen Einzelinteresse und gesellschaftlich sinnvoller Tätigkeit Bezug nimmt.
[101] Vgl. Zank, W.: John Stuart Mill, 1993, S. 23.
[102] Vgl. Sieferle, P.: Bevölkerungswachstum und Naturhaushalt, 1990, S. 139.

gesichts der Schönheit und Erhabenheit der Natur ist eine Geburtsstätte von Gedanken und Gefühlen, die nicht nur dem einzelnen wohltun, sondern deren Mangel auch der Gesellschaft nicht wohl ansteht. Es bereitet auch kein großes Vergnügen, eine Welt zu betrachten, in der kein Raum für das eigenständige Wirken der Natur bleibt; in der jedes Stückchen Land bewirtschaftet wird, dem menschliche Nahrung abzugewinnen ist; in der jeder Wildwuchs beseitigt und jedes Ödland umgepflügt wird, alle Tiere, die nicht zum Nutzen der Menschheit gehalten werden, als Nahrungskonkurrenten ausgerottet werden; in der jeder Busch oder überflüssige Baum gerodet wird und kaum ein Ort übrig bleibt, wo ein wilder Strauch oder eine Blume wachsen kann, ohne im Namen der fortgeschrittenen Landwirtschaft beseitigt zu werden. Wenn die Erde tatsächlich all den Reiz verlieren muß, den sie der Existenz von Dingen, die im Verlauf eines umgehemmten Wachstums von Reichtum und Bevölkerung verschwinden werden, weil man nur so in der Lage ist, eine größere, wenn auch nicht eine bessere oder glücklichere Bevölkerung zu ernähren, so hoffe ich zum Wohle künftiger Generationen, daß man sich mit einem stationären Zustand zufrieden gibt, lange bevor man von der Not dazu gezwungen wird".[103]

Mill kam es darauf an, die größtmögliche persönliche Freiheit mit der gerechten Verteilung der Früchte der Arbeit zu verbinden oder anders ausgedrückt: um Freiheit und Sozialismus. Er dachte hierbei aber nicht an umfassende Verstaatlichungen, sondern an Genossenschaften, Besteuerung exzessiver Erbschaften und ähnliche Reformen. Umfassende Bildung für alle sah Mill jedoch als zentrale staatliche Aufgabe; nur gebildete Menschen können ihr Schicksal frei und eigenverantwortlich gestalten.[104]

Bestand in Malthus` und Ricardos düsterer Welt die vordringliche Aufgabe der Politik darin, den Armen das Heiraten zu verleiden, damit es nicht zu der erwarteten Katastrophe komme, dann war die Schlussfolgerung der Sozialisten nahe liegend: Versucht das kapitalistische System nicht im einzelnen zu verbessern, sondern stürzt es gänzlich um, damit aus seinen Trümmern eine neue, eine sozialistische Welt erwachse, für die Mill zumindest Sympathien entwickelte.[105]

Jedenfalls bestand für ihn ein fundamentaler Unterschied zwischen Produktion und Einkommensverteilung: Bei der Produktion herrschten Zusammenhänge, die quasi den Charakter von Naturgesetzen trügen – etwa das „(2.) Gossensche

[103] Mill, J.S.: Principles of Political Economy, 1965, S. 756.
[104] Vgl. Zank, W.: John Stuart Mill, 1993, S. 23.
[105] Vgl. Starbatty, J.: Die englischen Klassiker in ihrer Zeit, 1985, S. 24.

Gesetz vom abnehmenden Grenzertrag".[106] Bei der Einkommensverteilung hat jedoch jede Gesellschaft beträchtliche (wenn auch begrenzte) Freiheit.[107]

Neben der gesellschaftlichen Umwälzung bewirkte die industrielle Revolution vor allem zwei Umweltzerstörungen: Der Umfang moderner industrieller Verfahren übertraf bei weitem den mittelalterlicher Wirtschaftsunternehmungen. Mit der Industrialisierung war eine rasch wachsende Bevölkerung gekoppelt. Das vielleicht auffälligste Zeichen, an dem wir eine sich bereits damals entwickelnde Umweltkrise erkennen, ist das Ausmaß, in dem die Rohstoffquellen für Beschäftigung, Unterhalt und Vergnügen der neuen Massen beansprucht wurden. Zweitens stülpte die wirtschaftliche Revolution der gesamten übrigen Welt das europäische Muster über; wie bereits erwähnt, wurde im 19. Jahrhundert durch die Nutzung neuer Techniken, insbesondere eiserner Schiffe, der Dampfkraft und der Unterwassertelegraphie aus Europas Einfluss nunmehr Europas Vorherrschaft: Der Globus lieferte seitdem sowohl die Absatzmärkte als auch die Rohstoffe, deren Ausbeutung, Abtransport und Bearbeitung.[108]

Immer wieder traten seit der Industrialisierung Theoretiker auf, die den modernen Kapitalismus grundsätzlich in Frage stellten. Den mit Abstand größten Einfluss hatte bis in die Gegenwart Karl Marx (1818-1883). Sozialist war er, weil er glaubte, dass nur die radikale Umstülpung der Produktionsverhältnisse die Arbeiterklasse aus Not und Elend befreien konnte, und weil der Sozialismus diese Freiheit den Arbeitern in und nach der proletarischen Revolution auch bringen würde. Er analysierte den Kapitalismus, um die Entwicklungsgesetze offen zu legen, die den Weg zur proletarischen Revolution weisen. Mit Hilfe der Arbeitswerttheorie der englischen Klassiker (Smith, Ricardo)[109], die er der modernen Produktionsweise anpasst, entwickelt er seine „Mehrwerttheorie": Die besitzlosen Arbeiter werden entsprechend dem „Ehernen Lohngesetz" bezahlt, womit sie lediglich zur Reproduktion ihrer Arbeitskraft fähig sind. Der darüber hinausgehende „Mehrwert", nach Verkauf der Waren auf den Märkten, fällt den Kapitalisten zu.[110]

Durch die Konkurrenz und den industriellen Fortschritt jedoch sind die Unternehmer gezwungen, immer mehr Kapital zur Verfügung zu stellen. Die Kapitalakkumulation vollzieht sich schneller als das der Arbeitsbevölkerung. Dieser Mechanismus wiederholt sich, wenn über neue Kapitalgüter der relative Mehrwert wieder gesteigert werden kann. Doch werden die Aufschwünge immer schwächer und die Profitraten fallen. Statt Lohnerhöhungen als Antwort auf das

---

[106] Siehe hierzu: Gossen, H. H.: Entwicklung der Gesetz des menschlichen Verkehrs, 1854, S.4 ff.

[107] Vgl. Zank, W.: John Stuart Mill, 1993, S. 23.

[108] Vgl. Sieferle, R. P. (Hg.): Fortschritte der Naturzerstörung, 1988, S. 209 f.

[109] Vgl. Burchhardt, M.: Marxistische Wirtschaftstheorie, 1997, S. 14 ff.

[110] Vgl. Starbatty, J.: Karl Marx. Weltgeschichte mit Heilsplan, 1993, S. 81.

knappe Arbeitsangebot ersetzen Maschinen die Arbeiter. Diese „industrielle Reserve“ an Arbeitslosen ermöglicht es den Unternehmern, die Arbeitsbedingungen zu verschärfen und die Löhne weiter zu senken. Schließlich sind die Bedingungen für das Proletariat so unerträglich, dass es sich erhebt.[111]

Weil die Arbeiter nicht mehr für ihre Ausbeuter, sondern für sich selbst arbeiten, erwartete Marx bereits für den Übergang vom Sozialismus einen Produktivitätssprung. Hier jedoch muss die fundamentale Kritik einsetzen: woher wissen wir, was wir für wen mit welchen Mitteln zu produzieren haben? Bei Marx wird dieses entscheidende Allokationsproblem außer Acht gelassen.

Entscheidender Fehler in Marx′ Gedankengebäude ist seine Feststellung, die zukünftige sozialistische Gesellschaft wie eine einzelne Person aufzufassen, in der es keine Trennung zwischen Produzenten und Konsumenten, zwischen politischer Spitze und produzierenden Unterbau sowie zwischen Faulen und Fleißigen gibt. Dadurch würden sämtliche Informations- und Motivationsprobleme, die moderne arbeitsteilige Volkswirtschaften charakterisieren, entfallen. In der Realität war das, was den Sozialismus zusammenbrechen ließ, war nicht die Verfälschung der Marxschen Ideen, sondern gerade das Festhalten an der zentralen methodologischen Fiktion, man könne eine ganze Gesellschaft wie eine Einzelperson behandeln.

Bemerkenswert ist zwar nach wie vor Marx′ Kritik an der profitorientierten, „anarchischen“ Warenproduktion. In ihr ist es zwar möglich, bspw. Waffen herzustellen, weil dafür hohe Preise bezahlt werden. Unmöglich hingegen ist es, bspw. eine Oper zu produzieren, weil ein solches Kunstwerk i.d.R. keinen Profit abwirft. Und an der Schmälerung des Gewinns scheitert vielfach auch das Bemühen, die Umwelt vor der Zerstörung zu bewahren, denn natur- und umweltfreundliche Techniken kosten viel Geld und sorgen (vermeintlich) nur selten für hohe Gewinne.[112]

Marx widersprach jedoch mit großer Heftigkeit jeglicher Beteiligung der Natur an der Wertproduktion:

> „Wert ist Arbeit. Mehrwert kann daher nicht Erde sein. Absolute Fruchtbarkeit des Bodens bewirkt nichts, als daß ein gewisses Quantum Arbeit ein gewisses, von der natürlichen Fruchtbarkeit des Bodes bedingtes Produkt gibt. Die Differenz in der Fruchtbarkeit des Bodens bewirkt, daß dieselben Mengen von Arbeit und Kapital, also derselbe Wert, sich in verschiedenen Mengen von Bodenproduktionen aus-

[111] Vgl. Koesters, P.-H.: Ökonomen verändern die Welt, 1985, S. 100.
[112] Vgl. Koesters, P.-H.: Ökonomen verändern die Welt, 1985, S. 103.

drückt; daß diese Produkte also verschiedene individuelle Werte haben."[113]

Und:

„Die Erde auf der einen Seite, die Arbeit auf der anderen, zwei Elemente des realen Arbeitsprozesses, die in dieser stofflichen Form allen Produktionsweisen gemeinsam, die die stofflichen Elemente eines jeden Produktionsprozesses sind und mit der gesellschaftlichen Form desselben nichts zu schaffen haben ... Die Erde ist z.B. als Produktionsagent bei der Herstellung eines Gebrauchswerts, eines materiellen Produkts, des Weizens, tätig. Aber sie hat nichts zu tun mit der Produktion des Weizenwerts. Soweit sich Wert in Weizen darstellt, wird der Weizen nur als ein bestimmtes Quantum vergegenständlichter gesellschaftlicher Arbeit betrachtet, ganz gleichgültig gegen den besondren Stoff, worin sich diese Arbeit darstellt, oder den besondren Gebrauchswert dieses Stoffs."[114]

Damit zeigt sich zum einen, dass - nach dem Zusammenbruch des Sozialismus – Marx′ Sozialismuskonzept, wonach die Geschichte einem bestimmten Heilsplan folge, wenigen Wissenden offenbar sei oder offenbar gemacht werden könne, jeglicher Wissenschaftlichkeit entbehrt.[115] Zum zweiten wird die Vernichtung von Natur durch die Bewertung als abstrakte Produktivität bzw. als Arbeitsquanten zu einer wesentlichen Ursache de Mehrwerterzeugung und dass dieser Konflikt aus einer Qualle gespeist wird, deren Existenz er kategorisch ausschloss: dass Natur an der Wertproduktion beteiligt ist.

Die marxistische Ökonomie übersah die eigenständige Qualität des Wert-Natur-Widerspruchs nicht nur in der Kritik der kapitalistischen Produktionsverhältnisse, sondern auch – bis zu ihrem Ende – auch in der Praxis und Theorie der realsozialistischen Systeme.[116]

Hinsichtlich der Umweltproblematik machten sich bekannte Vertreter wie Werner Sombart (1863-1941) und Max Weber (1864-1920) Gedanken über die Rohstoffausbeutung. Sombarts These, der Raubbau an natürlichen Ressourcen wie ein immanentes Element des Hochkapitalismus, setzte sich bis heute in der Kritik der nicht-bürgerlichen Umweltökonomie fest.[117] Bei Weber ist nachzulesen, welche geistigen Entwicklungen (Stichwort: die protestantische Ethik im Calvi-

---

[113] Marx, K.: Das Kapital Bd. III, zit. nach: Immler, H. Natur in der ökonomischen Theorie, 1985, S. 823.

[114] Marx, K.: Das Kapital Bd. III, zit. nach: Immler, H. Natur in der ökonomischen Theorie, 1985, S. 824-825.

[115] Vgl. Starbatty, J.: Karl Marx. Weltgeschichte mit Heilsplan, 1993, S. 82.

[116] Vgl. Immler, H. Natur in der ökonomischen Theorie, 1985, S. 280-281.

[117] Vgl. Steger, U.: Umwelt und Ökonomie, 1994, S. 55.

nismus)[118] ein radikal anderes wirtschaftliches Handeln ethisch gerechtfertigt und damit enorm befördert haben[119], indem er einen Zusammenhang zwischen der protestantischen Berufsethik und der Rohstoffausbeutung herstellt.[120]

Aus den bisherigen Ausführungen ergibt sich die Frage, ob es so etwas wie eine vorgegebene Wachstumsgrenze gibt bzw. es geht also darum, ob der Wachstumsprozess auf Dauer machbar ist. Wenn man zum einen davon ausgeht, dass die Ressourcen der Welt begrenzt sind und sich allmählich erschöpfen und zum anderen die Welt nur eine begrenzte Fähigkeit hat, mit der steigenden Produktion einhergehenden Umweltproblemen fertig zu werden, muss das Wirtschaftswachstum jedoch an eine Obergrenze stoßen[121] oder anders ausgedrückt: dass die Grenznutzen des (weiteren) Wirtschaftswachstums abnehmen und die Grenzkosten gleichzeitig zunehmen[122]

Damit ergibt sich zumindest ein *mittelbarer* Zusammenhang zwischen Umweltverbrauch und (negativer) sozialer Entwicklung, denn eine immer geringere Steigung des Wirtschaftswachstums bzw. das Erreichen eines stationären Zustandes hat einen noch weiter verringernden (monetären) Spielraum der Sozialpolitik zur Folge. Eine *unmittelbare* Beziehung zwischen ökologischen und sozialen Aspekten lässt sich erkennen, wenn man unterstellt, dass Umweltverbrauch auch direkte soziale Kosten impliziert.

2. Das Konzept der sozialen Kosten von K. William Kapp

In diesem Zusammenhang ist vor allem das Werk des amerikanischen Ökonomen K. William Kapp zu nennen, der in seinem heute schon klassischen Werk „Soziale Kosten der Marktwirtschaft" (1979) am Beispiel erneuerbarer Ressourcen aufzeigt, dass die überproportional steigenden Sozialkosten ihrer Nutzung rasch zu einem kritischen Punkt führen können, von dem an ein irreversibler Prozess der Naturzerstörung eingeleitet wird[123], was wiederum zu einer negativen sozialen Entwicklung führt. In diesem Zusammenhang hat Kapp immer wieder die ökonomische Konzeption von Naturgütern als kostenlosen Produktionsfaktor und natürlichen Input in den Produktionsprozess kritisiert und auf die

[118] Vgl. Weber, M.: Die protestantische Ethik und der „Geist" des Kapitalismus, 1993.

[119] Vgl. Biervert/Held (Hg.): Evolutorische Ökonomik, 1992, S. 169.

[120] Vgl. hierzu auch die Gegenüberstellung des vom Katholizismus geprägten „Rheinischen Kapitalismus" zur protestantisch geprägten Form insbesondere im angelsächsischen Bereich durch den französischen Ökonomen Michel Albert, in: Albert, Michel: Kapitalismus contra Kapitalismus, 1992.

[121] Vgl. Stork, W.: Die Wirtschaftspolitik der Wachstumskritiker, 1983, S. 41.

[122] Vgl. Stork, W.: Die Wirtschaftspolitik der Wachstumskritiker, 1983, S. 47.

[123] Vgl. Held/Nutzinger (Hg.): Nachhaltiges Naturkapital, 2001, S. 8.

weit reichenden kumulativen und destabilisierenden Auswirkungen eines an Marktpreisen orientierten Verbrauchs von Naturressourcen hingewiesen[124] .

2.1 Umweltgefährdung und Sozialkosten

Wie bereits die o. a. Analysen der Klassiker zeigen, ist das Preissystem nicht in der Lage, die Nutzung der Naturressourcen zu einem sozialverträglichen Optimum zu führen. Dies hat zur Folge, dass Naturressourcen im Falle von freien Gütern in einem sich selbst verstärkenden kumulativen Prozess über diesen Optimalpunkt hinaus verbraucht werden, bis sie nicht mehr reproduzierbar sind. Damit verbunden sind folgende Probleme:[125]

- Eine optimale Entwicklungsrate, die Prozesse irreversibler Zerstörung vermeidet, kann sich nicht entwickeln.
- Es erfolgt keine Reduzierung der Sozialkosten, sondern deren Externalisierung.
- Der Gegenwartsnutzen bestimmt die Nutzung natürlicher Ressourcen wobei die Zunahme der Kosten der Nutzung sowie die Abnahme der Erträge in die Zukunft verschoben wird.
- Wegen fehlender Beachtung der Voraussetzungen für die Aufrechterhaltung des natürlichen Gleichgewichts werden zukünftige Generationen mit höheren Kosten belastet.

Kapp verfolgte das Ziel, die Ursachen von Sozialkosten zu verstehen und die daraus resultierenden langfristigen Schäden der natürlichen und sozialen Umwelt des Menschen erfassbar zu machen [126]. Dazu führt er aus, dass

> „[sich] der Begriff der Sozialkosten [.] auf alle diejenigen negativen Effekte oder Verluste [bezieht], die dritte Personen oder die Allgemeinheit als Folge der Produktion zu tragen haben und für die der Unternehmer nicht ohne weiteres belangt werden kann. Diese Definition des Begriffs ist umfassend genug, um sogar gewisse soziale 'Opportunity Costs' einzuschließen, die in Form von Verschwendung und sozialen Mängeln verschiedener Art auftreten[127].

[124] Vgl. Heidenreich, R.: Sozialkosten und implizites Konzept der Nachhaltigkeit - Zur Bedeutung von K. William Kapps institutioneller Perspektive für eine zukunftsfähige Entwicklung, S. 133 f., in: Held, M./Nutzinger, H. (Hg.): Nachhaltiges Naturkapital: Ökonomik und zukunftsfähige Entwicklung, 2001, S. 133-153.

[125] Kapp, K. W.: Soziale Kosten der Marktwirtschaft, 1979, S. 68 ff.

[126] Vgl. Heidenreich, R.: Sozialkosten und implizites Konzept der Nachhaltigkeit, 2001, S. 136.

[127] Kapp, K.W.: Soziale Kosten der Marktwirtschaft, 1979, S. 10.

2.2 Einordnung und Systematik der Sozialkosten

Neben anderen Phänomenen subsumiert Kapp unter dem Begriff der Sozialkosten die drei folgenden[128]:

- Sozialkosten der Luft- und Wasserverschmutzung,
- Erschöpfung der nicht-erneuerbaren Ressourcen (Bodenschätze, Bodenerosion und Landschaftszerstörung),
- Zerstörung erneuerbarer Ressourcen durch Holzwirtschaft, Überfischen, Monokultur etc.

Das Sozialkostenkonzept basiert dabei auf einer Kritik der Fähigkeit von Marktpreisen, echte Knappheitsrelationen wiederzugeben. Sozialkosten sind bei Kapp das Ergebnis von sozialen und ökologischen Interdependenzen, womit diese Konzeption über die Betonung der Reziprozität externer Effekte in neoklassischen Umweltökonomie hinausgeht[129]:

> „Alle Lösungsansätze, die am Marktsystem orientiert bleiben, sind durch eine weitere, ihnen eigene Schwäche gekennzeichnet, der Tatsache nämlich, dass die vom Marktsystem vermittelten Informationen, Signale und damit Entscheidungsgrundlagen nicht die 'objektive' Relevanz und Gültigkeit besitzen, welche die Wirtschaftstheorie für die in Anspruch nimmt. Sowohl Faktor- als auch Endgüterpreise sind im wirklichen Marktgeschehen das Ergebnis einer Reihe von 'Verzerrungen', denen gerade jene Interdependenzen zugrunde liegen, die Sozialkosten verursachen. Auch hängt das System der relativen Preise von den bestehenden Ungleichheiten in der Einkommensverteilung ab, sowie von den vorherrschenden Marktformen, die durch ungleich verteilte Marktmacht gekennzeichnet sind“[130].

Bei Kapp rufen ökologische und soziale Risiken Sozialkosten hervor und beruhen wie diese auf weitreichenden kumulativen Interdependenzen wie etwa sprunghaften und nichtlinearen Rückkopplungseffekten. In diesem Zusammenhang formuliert Kapp das „Prinzip der zirkulären Prozesse kumulativer Verursachung“, welches auch eine Kritik an der allgemeinen Gleichgewichtstheorie beinhaltet[131]:

[128] Kapp, K.W.: Soziale Kosten der Marktwirtschaft, 1979, IIIf.
[129] Vgl. Heidenreich, R.: Sozialkosten und implizites Konzept der Nachhaltigkeit, 2001, S. 138.
[130] Kapp, K.W.: Soziale Kosten der Marktwirtschaft, 1979, XIX.
[131] Vgl. Heidenreich, R.: Sozialkosten und implizites Konzept der Nachhaltigkeit, 2001, S. 140.

> „Das Prinzip der kumulativen oder zirkulären Verursachung betont die Tatsache, dass soziale Prozesse durch die Wechselwirkung verschiedener Variablen 'ökonomischer' und 'nicht-ökonomischer' Natur gekennzeichnet sind, die durch ihre kombinierte Wirkung das System von einem Zustand des Gleichgewichts fortbewegen. Tatsächlich kann von sozialen Prozessen gesagt werden, dass sie eben keine Tendenz zur automatischen Selbststabilisierung auslösen, sondern im Gegenteil dem sozialen Beharrungsvermögen unterliegen, das das System in der Richtung des ersten Impulses weiterbewegt“[132]

Da Umweltschäden Verteilungsprobleme implizieren, bedeutet dies aus Sicht Kapps, dass es sich dabei doch „weitgehend um eine sekundäre Umverteilung des Realeinkommens durch eine Verschlechterung der Lebensqualität zu Lasten der wirtschaftlich Schwächeren“[133].

Kapp entwickelt daher eine Überführung von Umweltproblemen und –zerstörungen in ein Zielsystem im politisch-diskursiven Prozess der Problemerkennung- und verarbeitung:

> „Es handelt sich um eine normative Ökonomie, um die Mitarbeit bei der Formulierung gesellschaftlicher Normen – und um die Erarbeitung der den gesellschaftlichen Zielen entsprechenden Produktionsfunktionen, sowie der Wahl der Standorte und der institutionellen Rahmenbedingungen einschließlich der Beeinflussung des wirtschaftlichen Verhaltens in einer den Zielen entsprechenden Weise“[134]

Das Konzept der Sozialkosten arbeitet bereits implizit mit den wesentlichen des Leitbildes der Nachhaltigen Entwicklung, indem es die Bedürfnisse zukünftiger Generationen mit einschließt. Für Kapp stellen Umweltgüter spezifische Güter dar, die sich von marktfähigen Gütern unterscheiden. Zudem beeinträchtigen Umweltzerstörung und soziale Kosten den gesellschaftlichen Reichtum und die natürliche Umwelt. Kapps Analysen und Zielvorstellungen liefern einen wichtigen Beitrag für die Nachhaltigkeitsdebatte, die eine gleichrangige Bedeutung von ökonomischen. ökologischen und sozialen Belangen postuliert.

3. Der Versuch eines Fazits

In dem vorliegenden Beitrag konnte hinsichtlich der Relevanz ökologischer Aspekte für die soziale Entwicklung unserer Gesellschaft und damit als Hereisfor-

---

[132] Kapp, K.W.: Soziale Kosten der Marktwirtschaft, 1979, S. 19f.

[133] Heidenreich, R.: Sozialkosten und implizites Konzept der Nachhaltigkeit, 2001, S. 148.

[134] Kapp, K. W.: Umweltkrise und Nationalökonomie, 1972, S. 243, in: Schweizerische Zeitschrift für Volkswirtschaft und Statistik 108 (3), S. 231-250.

derung für die Sozialpolitik aufgezeigt werden, dass bereits in früheren Epochen ökonomischen Denkens erkannt wurde, dass zumindest ein *mittelbarer* Zusammenhang zwischen Umweltverbrauch und (negativer) sozialer Entwicklung existiert, denn eine immer geringere Steigung des Wirtschaftswachstums bzw. das Erreichen eines stationären Zustandes hat einen noch weiter verringernden (monetären) Spielraum der Sozialpolitik zur Folge. Eine *unmittelbare* Beziehung zwischen ökologischen und sozialen Aspekten lässt sich erkennen, wenn man unterstellt, dass Umweltverbrauch auch direkte soziale Kosten impliziert. Hierzu hat K. William Kapp mit seinen „Sozialen Kosten der Marktwirtschaft" einen wesentlichen Beitrag liefen können.

Die gleichzeitige Betrachtung beider Ausprägungen von ökologischen Implikationen der Sozialpolitik erfordert für die Zukunft eine stärke Berücksichtigung umweltrelevanter Aspekte bei der Betrachtung sozialpolitscher Fragestellungen.

Literatur:

Bayerl/Mayer: Glückseligkeit, Industrie und Natur – Wachstumsdenken im 18. Jahrhundert, in: Bayerl/Fuchsloch/Meyer (Hrsg.): Umweltgeschichte, Münster 1996.

Becher, J.J.: Politische Discurs etc., 2. Auflage 1673, Eingang I Vorsatz, S. I/2, zit nach: Zielenziger, K.: Die alten deutschen Kameralisten. Ein Beitrag zur Geschichte der Nationalökonomie und zum Problem des Merkantilismus. Jena 1913. Nachdruck Stuttgart 1966.

Bechstein, J.M.: Gemeinnützige Naturgeschichte Deutschlands nach allen drey Reichen. Ein Handbuch zur deutlichern und vollständigen Selbstbelehrung besonders für Forstmänner, Jugendlehrer und Oekonomen. Bd. 1. Leipzig 1801, zit. nach: Bayerl/Mayer: Glückseligkeit, Industrie und Natur - Wachstumsdenken im 18. Jahrhundert, in: Bayerl/Fuchsloch/Meyer (Hrsg.): Umweltgeschichte – Methoden, Themen, Potentiale. Münster 1996, S. 135-158.

Biervert, B./Held, M.: Veränderungen im Naturverständnis der Ökonomen, in: Biervert, B./Held, M. (Hrsg.): Das Naturverständnis der Ökonomik. Beiträge zur Ethikdebatte in den Wirtschaftswissenschaften, Frankfurt/M. 1994, S. 7-30.

Biervert/Held (Hrsg.): Evolutorische Ökonomik. Neuerungen, Normen, Institutionen, Frankfurt 1992.

Blaich, F.: Die Epoche des Merkantilismus, Wiesbaden 1973.

Blankart, Ch.: Öffentliche Finanzen in der Demokratie, Eine Einführung in die Finanzwissenschaft, München 1998.

Buchheim, Ch.: Einführung in die Wirtschaftsgeschichte. München 1997.

Burchhardt, M.: Marxistische Wirtschaftstheorie. München 1997.

Calließ, J./Rüsen, J./Striegnitz, M. (Hrsg.): Mensch und Umwelt in der Geschichte. Geschichtsdidaktik. Studien, Materialien, Band 5, Pfaffenweiler 1989.

Cicero, M. Tiilius: De natura deorum. Hg., übers. und erl. Von Wolfgang Gerlach und Karl Bayer, München 1978, Buch II, zit. nach: Glacken, Clarence J.: Zum Wandel der Vorstellungen über den menschlichen Lebensraum, in: Sieferle, Rolf Peter (Hrsg.): Fortschritte der Naturzerstörung, Frankfurt/M. 1988, S. 160-190.

Condorcet, M. de.: Entwurf einer historischen Darstellung der Fortschritte des menschlichen Geistes, 1793, Frankfurt 1976, zit. nach: Sieferle, R. P.: Fortschrittsfeinde? Opposition gegen Technik und Industrie, München 1984.

Darjes, J. G.: Erste Gründe der CameralWissenschaft darinnen die HauptTheile so wohl der Oeconomie als auch der Policey und besondern CameralWissenschaft in ihrer natürliche Verknüpfung zum Gebrauch seiner academischen Verfassung entworfen...Jena 1756, zit. nach: Bayerl/Fuchsloch/Meyer (Hrsg.): Umweltgeschichte - Methoden, Themen, Potentiale, Münster 1996.

Eglau, H. O.: Johann Heinrich von Thünen. Die Mathematik des Ackerbaus, in: Sommer, T. (Hrsg.): Zeit der Ökonomen - Eine kritische Bilanz volkswirtschaftlichen Denkens, Hamburg 1993 (Heft 3/ 1993), S. 54-56.

Fremdling, R.: Innovation und Mengenanpassung. Die Loslösung der Eisenerzeugung von der vorindustriellen Zentralressource Holz, in: Siegenthaler, H. (Hrsg.): Ressourcenverknappung als Problem der Wirtschaftsgeschichte (Schriften des Vereins für Socialpolitik, Gesellschaft für Wirtschafts- und Sozialwissenschaften; N.F., Bd. 192). Berlin 1990.

Fusfeld, D.: Geschichte und Aktualität ökonomischer Theorien. Vom Merkantilismus bis zur Gegenwart. Frankfurt/New York 1975.

Glacken, Clarence J.: Zum Wandel der Vorstellungen über den menschlichen Lebensraum, in: Sieferle, Rolf Peter (Hrsg.): Fortschritte der Naturzerstörung, Frankfurt/M. 1988, S. 160-190.

Gömmel, R. /Klump, R.: Merkantilisten und Physiokraten in Frankreich, Darmstadt 1994.

Gömmel, R. Die Entwicklung der Wirtschaft im Zeitalter des Merkantilismus 1620-1800 (Enzyklopädie Deutscher Geschichte Bd. 46), München 1998.

Gömmel, R./Klump, R.: Merkantilisten und Physiokraten in Frankreich, Darmstadt 1994.

Gossen, H. H.: Entwicklung der Gesetz des menschlichen Verkehrs. Braunschweig 1854 (Reproduktion Amsterdam 1967).

Gröning, G.: Anmerkungen zu Gustav Vorherrs Idee der Landesverschönerung, in: Bayerl/Fuchsloch/Meyer (Hrsg.): Umweltgeschichte. Methoden, Themen, Potentiale, Münster 1986, S. 159-186.

Häufle, H. Aufklärung und Ökonomie. Zur Position der Physiokraten im siècle des Lumières. München 1978.

Hecht. G.: Colberts politische und volkswirtschaftliche Grundanschauungen. Darmstadt 1898, Nachdruck 1967.

Heckscher, E.: Der Merkantilismus, 2. Band. Stockholm 1932.

Heidenreich, R.: Sozialkosten und implizites Konzept der Nachhaltigkeit – Zur Bedeutung von K. William Kapps institutioneller Perspektive für eine zukunftsfähige Entwicklung, in: Held, M./Nutzinger, H. (Hg.): Nachhaltiges Naturkapital, 2001, S. 133-153.

Hillebrecht, M.-L.: Eine mittelalterliche Energiekrise, in: Herrmann, B. Mensch und Umwelt im Mittelalter, Stuttgart 1986, S. 275-283.

Hösel, G.: Unser Abfall aller Zeiten. Eine Kulturgeschichte der Städtereinigung, München 1987.

Hofmann, W. : Theorie der Wirtschaftsentwicklung. Vom Merkantilismus bis zur Gegenwart, Berlin 1971.

Immler, H. Natur in der ökonomischen Theorie. Teil 1: Vorklassik-Klassik-Marx. Teil 2: Naturherrschaft als ökonomische Theorie – Die Physiokraten, Opladen 1985.

Jäger, H.: Einführung in die Umweltgeschichte, Darmstadt 1994.

Kapp, K. W.: Umweltkrise und Nationalökonomie, in: Schweizerische Zeitschrift für Volkswirtschaft und Statistik 1972, 108 (3), S. 231-250.

Kapp, K. W.: Soziale Kosten der Marktwirtschaft, 1979.

Koesters, P.-H.: Ökonomen verändern die Welt, München 1985.

König, G.: Die Waldpflege, aus der Natur und Erfahrung neu aufgefasst. Gotha 1859, zit. nach: Sieferle, R. P.: Fortschrittsfeinde? Opposition gegen Technik und Industrie. München 1984, S. 60.

Kopfmüller, J./Brandl, V./Jörissen, J./Pateau, M./Banse, G./Coenen, R./Grunwald, A.: Nachhaltige Entwicklung. Bd. 1: Konstitutive Elemente, Regeln, Indikatoren, Berlin 2001.

Krünitz, J. G.: Ökonomisch (technologische) Enzyklopedie oder allgemeines System der Staats-, Haus- und Landwirtschaft, Bd. 14. Berlin 1778, zit. nach: Calließ, J./ Rüsen, J./ Striegnitz, M. (Hrsg.): Mensch und Umwelt in der Geschichte. (Geschichtsdidaktik. Studien, Materialien. Neue Folge Band 5), Pfaffenweiler 1989.

Kurz, H.: Adam Smith: Eigenliebe tut Not, in: Sommer, T. (Hrsg.): Zeit der Ökonomen. Eine kritische Bilanz volkswirtschaftlichen Denkens, Nr. 3/1993, Hamburg 1993, S. 11-13.

Kurz, H.: David Ricardo. Geiz der Natur, in: Sommer, T (Hrsg.): Zeit der Ökonomen - Eine kritische Bilanz volkswirtschaftlichen Denkens, Nr. 3/1993, Hamburg 1993, S. 14-16.

Lassalle, F.: Gesammelte Reden und Schriften, Berlin 1919, Dritter Band: Offenes Antwortschreiben, zuerst erschienen 1863 in Zürich, zit. nach: Reiß, W.: Mikroökonomische Theorie, München 1998.

Malthus, T. R.: Das Bevölkerungsgesetz (vollständige Ausgabe nach der ersten Auflage, London 1798), München 1977, zit. nach: Reiß, W.: Mikroökonomische Theorie, München 1998, S. 62-65.

Malthus, T. R.: An Essay on the Principle of Population (1803), pp.531-2, zit. nach: James, P.: Population Malthus. His Life and Times. London 1979, in: Winkler, H.: Malthus. Krisenökonom und Moralist. Innsbruck 1996, S. 104-105.

Manstetten, R.: Die Einheit und Unvereinbarkeit von Ökologie und Ökonomie, in: Gala. Ecological Perspectives in Science, Humanities, and Economics. Nr 4 (1995)I, S. 40-51.

Marx, K.: Das Kapital Bd. III, zit. nach: Immler, H. Natur in der ökonomischen Theorie. Teil 1: Vorklassik-Klassik-Marx. Teil 2: Naturherrschaft als ökonomische Theorie – Die Physiokraten, Opladen 1985, S. 279.

Mill, J.S.: Principles of Political Economy (1848), zit. nach: Costanza, R./Cumberland, J./Daly, H./Goodland, R./Norgaard, R.: Einführung in die Ökologische Ökonomik, Stuttgart 2001.

Mill, J.S.: Principles of Political Economy. 1848. London 1965, zit. nach: Sieferle, R. P.: Fortschrittsfeinde? Opposition gegen Technik und Industrie, München 1984.

Paucke, H./Streibel, G.: Ökonomie contra Ökologie. Ein Problem unserer Zeit. Berlin 1990.

Recktenwald, H. C.: Adam Smith, in: Starbatty, J.: Klassiker des ökonomischen Denkens Band I.: Von Platon bis John Stuart Mill, München, 1989.

Reiß, W.: Mikroökonomische Theorie. Historisch fundierte Einführung, München 1998.

Reulecke, J: Geschichte der Urbanisierung in Deutschland, Frankfurt/Main 1989.

Ricardo, D.: Grundsätze der politischen Ökonomie und der Besteuerung, Frankfurt/M. 1972, zit. nach: Starbatty, J.: Die englischen Klassiker in ihrer Zeit, Darmstadt 1985.

Ricardo, D.: Grundsätze der Volkswirtschaft und Besteuerung, (3. Auflage 1821), Jena 1921, zit. nach: Reiß, W. : Mikroökonomische Theorie. Historisch fundierte Einführung, München 1998, S. 59-60.

Schäfer, L./Sröker, E. (Hrsg.): Naturauffassungen in Philosophie, Wissenschaft, Technik. Band I Antike und Mittelalter, Freiburg/München 1993.

Schramm, E.: Zu einer Umweltgeschichte des Bodens, in: Brüggemeier/Rommelspacher: Besiegte Natur - Geschichte der Umwelt im 19. und 20. Jahrhundert, München 1989, S. 86-105.

Schubert, E.: Der Wald: wirtschaftliche Grundlage der Stadt, in: Herrmann, B.: Mensch und Umwelt im Mittelalter, Stuttgart 1986, S. 257-274.

Sieferle, P.: Bevölkerungswachstum und Naturhaushalt. Studien zur Naturtheorie der klassischen Ökonomie, Frankfurt/M. 1990.

Sieferle, R. P. (Hrsg.): Fortschritte der Naturzerstörung, Frankfurt/M. 1988.

Sieferle, R. P.: Fortschrittsfeinde? Opposition gegen Technik und Industrie, München 1984.

Smith, A.: Der Wohlstand der Nationen. Eine Untersuchung seiner Natur und seiner Ursachen, dt. Übersetzung nach der 5. Auflage (1789), München 1978, zit. nach: Starbatty, J.: Die englischen Klassiker in ihrer Zeit, Darmstadt 1985.

Stahlmann, V. : Umweltorientierte Materialwirtschaft, Wiesbaden 1988.

Starbatty, J.: Die englischen Klassiker in ihrer Zeit, Darmstadt 1985.

Starbatty, J.: Karl Marx. Weltgeschichte mit Heilsplan, in: Sommer, T. (Hrsg.): Zeit der Ökonomen - Eine kritische Bilanz volkswirtschaftlichen Denkens (Nr. 3/1993). Hamburg 1993, S. 80-82.

Stavenhagen, G.: Geschichte der Wirtschaftstheorie, Göttingen 1969.

Stork, W.: Die Wirtschaftspolitik der Wachstumskritiker, Frankfurt/Main 1983.

Thünen, J.H.: Der isolierte Staat in Beziehung auf Landwirtschaft und Nationalökonomie, Band II, Rostock 1850, zit. nach: Reiß, W.: Mikroökonomische Theorie. Historisch fundierte Einführung, München 1998.

Weeber, K.: Smog über Attika. Umweltverhalten im Altertum, Ulm 1990.

Weitzel, J.: Merkantilismus und zeitgenössische Rechtswissenschaft, in: Press, V. (Hrsg.): Städtewesen und Merkantilismus in Mitteleuropa, Köln/Wien 1983, S. 45-81.

Wernecke, F.: Pestalozzi und die Physiokraten, Hamburg 1927.

Winkler, H.: Malthus. Krisenökonom und Moralist, Innsbruck 1996.

Zank, W.: John Stuart Mill. Freiheit und Sozialismus, in: Sommer, T.(Hrsg.): Zeit der Ökonomen - Eine kritische Bilanz volkswirtschaftlichen Denkens (Nr. 3/1993), Hamburg 1993, S. 22-24.

Zirnstein, G.: Ökologie und Umwelt in der Geschichte. Ökologie und Wirtschaftsforschung, Band 14, Marburg 1994.

Michael Wüstenbecker

Sozialer Gemeinsinn statt hoheitlichem Zwang?

Anmerkungen zu einer kommunitaristischen Forderung am Beispiel der Einkommensumverteilung

Einleitendes

Kommunitaristisches Argumentationsgut ist längst zum festen Bestandteil (sozial-) politischer Debatten geworden. Flammendes Einfordern von mehr bürgerlichem Gemeinsinn, von mehr zivilgesellschaftlicher Selbstorganisation: Zur Konsolidierung gezwungene politische Entscheider - gleich welcher Provenienz - sind realiter besonders offen für eine solche, staatlichen Rückzug legitimierende Programmatik. Verbinden sich kommunitaristische Forderungen doch, neoliberalen Argumentationsmustern nicht unähnlich,[1] regelmäßig mit einem kritischen Blick auf die sozialen Sicherungssysteme. Diese bergten in ihrer derzeitigen (vermeintlich üppigen) Ausgestaltung die Gefahr, Menschen abhängig zu machen, Selbsthilfepotenziale verkümmern zu lassen und durch bevormundende Fürsorge Hilfebedürftigkeit zu verfestigen. So gefördertes Anspruchsdenken lasse den Einzelnen immer weniger wahrnehmen, dass seine Rechte auch mit Pflichten gegenüber der Gemeinschaft einhergehen, lasse das Prinzip der Reziprozität erodieren. Alimentierende wohlfahrtsstaatliche Versorgungstechnik löse Empathie, Gemeinschaftssinn und Bürgermoral zusehends auf. Politische Strategie müsse daher sein: Rahmenbedingungen für bürgerliche Selbstorganisation verbessern, eine Politik des Empowerments betreiben – eine Politik, die das Wachsen unmittelbarer bürgerlicher Solidarität und Nachbarschaftshilfe nachhaltig befördere. Kurzum: Es gelte, eine sozial integrierte Zivilgesellschaft zu schaffen, in der „(j)eder gibt, was er hat und was er kann“[2].

Aber wie realitätsgerecht sind solch' idyllisch anmutende Vorstellungen? Verkennen sie Grenzen möglichen Umverteilungsgeschehens zwischen eigennutzorientierten Individuen - jenseits einer staatlichen Steuerung? Die folgenden Ausführungen reflektieren dies - aus einer (mikro-) ökonomischen Perspektive - einmal grundsätzlich am Beispiel der Umverteilung von Einkommen bzw. der hier virulenten Redistributionsmotive.

---

[1] Miegel etwa sieht einen Ursprung des Sozialstaates in gegenseitigem Misstrauen. „Eine seiner Wurzeln (des Sozialstaates; M. W.) ist die kollektive Überzeugung, der Schwächere könne nicht auf die Hilfe des Stärkeren vertrauen und der Stärkere nicht darauf, dass seine Hilfe nicht missbraucht wird.“ Miegel (2005), S. 167.

[2] Dettling (2000), S. 11.

Freiwilliges Umverteilen?

Als Strukturierungsraster für mögliche Umverteilungsmotive mögen im Weiteren drei Kategorien dienen: Altruismus, Malevolenz und Egoismus. Als *altruistisch* werden Motive dann bezeichnet, wenn für die physische und psychische Situation eines Individuums B entscheidende Variablen als Argumente in der Nutzenfunktion des Individuums A auftauchen - beispielsweise von B konsumierte Gütermengen - und der Nutzen des A positiv hiervon abhängig ist. Einen direkten Gegensatz hierzu stellt das Motiv der *Malevolenz* oder des Neides dar. Hier wirken etwa konsumierte Gütermengen des B negativ auf das Nutzenniveau des A. Von *egoistischer* Motivation soll im Folgenden dann gesprochen werden, wenn die Situation des B für den Transfer leistenden A entweder keine Bedeutung hat oder lediglich eine mittelbare Bedeutung insofern, als sie letztlich dazu beiträgt, dessen eigene Ausstattung in der Zukunft zu erhöhen. Durchgängige Handlungsorientierung ist also stets der Eigennutz.[3]

a) altruistische Motive

In der herkömmlichen ökonomischen Mikrotheorie werden Haushalte als sozial isolierte Wirtschaftseinheiten mit unabhängigen Nutzenfunktionen angesehen. Interaktionen finden nur über Märkte statt. Nutzen zieht ein Haushalt aus den *ihm* zur Verfügung stehenden Gütermengen bzw. dem *ihm* zur Verfügung stehenden Einkommen. Die übliche haushaltstheoretische Grundannahme der Nichtsättigung, gleichsam eine "mehr-ist-besser"-Prämisse, impliziert positive Grenznutzen bei jeder betrachteten Güterart. Dies bedeutet, dass die Abnahme der für den Haushalt verfügbaren Menge einer Güterart c. p. zwangsläufig zu Nutzeneinbußen führt. Kein rational handelndes, seinen Nutzen maximierendes Wirtschaftssubjekt würde unter diesen Annahmen bereit sein, (ohne Gegenleistung) auch nur partiell auf ökonomische Verfügungsmacht über Güter zu verzichten.

In der realen Welt beschränken sich menschliche Interaktionen nicht auf marktliche Beziehungen. Besonders deutlich wird dies am Beispiel der Familie, innerhalb derer typischerweise ökonomische Verfügungsmacht freiwillig umverteilt wird. Auch und gerade Adam Smith war sich bewusst, dass menschlichem Handeln nicht nur egoistische Motive zugrunde liegen. In seiner erstmalig 1759 erschienenen "Theorie der ethischen Gefühle" weist er im Rahmen seiner Ausführungen über das "Gefühl für das sittlich Richtige" darauf hin, dass es in der Natur des Menschen "gewisse Prinzipien" gebe, die ihn dem Schicksal anderer nicht mit Gleichgültigkeit begegnen lassen, sondern "ihm selbst die Glückselig-

[3] Vgl. Petersen (1993); Hochmann (1983); Safarik (1982).

keit dieser anderen zum Bedürfnis machen"[4]. In moderner ökonomischer Terminologie: Nutzen, den ein Wirtschaftssubjekt empfindet, erwächst nicht ausschließlich aus den von ihm selbst konsumierten Gütermengen. Smith lässt allerdings keinen Zweifel, welche Quellen des Nutzens er für die dominierenden hält. "Die Menschen sind zwar von Natur mit Sympathie begabt, doch sie fühlen so wenig für den anderen [...], verglichen mit dem, was sie für sich selbst fühlen"[5]. Gordon Tullock schildert, welche Gefühle ihn seinerzeit im "foreign service" beim Anblick von in ihrer physischen Existenz bedrohten Menschen in China bewegt haben. Vor dem Hintergrund des beträchtlichen Einkommensgefälles zwischen ihm und dem durchschnittlich verdienenden Chinesen erkennt er zwar, jährlich ohne weiteres 50 bis 60 Menschen vor dem Hungertod retten zu können. Gleichwohl bemerkt er trotz empfundenen Mitgefühls Grenzen der Hilfsbereitschaft - Grenzen, die er im übrigen nicht nur bei sich selbst feststellt: "I came to realise something that I think most people do not realise, and that is that although I was in favour of giving money to the poor, I didn't want to give very much to them, and the basic reason I didn't want to give very much to them was very simple. I wanted to spend the money myself."[6]

Formal-theoretisch kann man der Tatsache, dass einem Individuum die Situation seiner "Mitindividuen" gänzlich gleichgültig ist, durch eine Erweiterung der Nutzenfunktion um entsprechende Argumente Rechnung tragen. Auf diese Weise werden auch jene Nutzeneffekte erfasst, die letztlich auf die von Smith angeführten "in der Natur des Menschen liegenden Prinzipien" zurückgehen. Auf diese Weise sind Hochman und Rodgers bereits Ende der sechziger Jahre in ihrer einflussreichen Arbeit "Pareto Optimal Redistribution" vorgegangen, in der sie zeigen, dass eine Transfervergabe zur Besserstellung aller Beteiligten führen kann.[7]

Beschränkt man sich zunächst vereinfachend auf den Zwei-Personen-Fall, so lassen sich die Nutzenfunktionen der betrachteten Individuen darstellen als

(1) $$U_1 = U_1 (Y_1, Y_2)$$

(2) $$U_2 = U_2 (Y_2),$$

---

[4] Smith (1977), S. 129.

[5] Ebd.

[6] Tullock (1986), S. 4. Tullock pointiert an anderer Stelle: "Most people in discussing income redistribution are extremely charitable. It is the amount they actually give away which is modest." Tullock (1986), S. 29.

[7] Vgl. Hochman/Rodgers (1969).

wobei Y für das jeweilige Realeinkommen steht. Alternativ könnte man die Nutzen auch in Abhängigkeit von den einzelnen Gütermengen darstellen. Es sei hier angenommen, dass sich lediglich das reichere Individuum um die Situation des ärmeren sorge, im vorliegenden Fall somit Individuum 1 ein höheres Realeinkommen erziele als Individuum 2.[8]

Wie kommt die oben erwähnte Gefühlsambivalenz beim Anblick etwa eines hungernden Bettlers formal-theoretisch zum Ausdruck? Offenbar bedeutet ein zunehmendes Einkommen des Bettlers einen Nutzenzuwachs: $\delta U_1/\delta Y_2$ ist also positiv. Allerdings impliziert ein Transfer an den Bedürftigen auch eine Verringerung der für den Eigenkonsum zur Verfügung stehenden Mittel, was sich nutzenmindernd auswirkt. Ein seinen Nutzen maximierendes Individuum wird solange zum Transfer bereit sein, wie der durch das höhere Einkommen des Bettlers induzierte zusätzliche Nutzen größer ist als die durch den Verzicht auf Eigenkonsumtion bewirkte Nutzenabnahme, solange also gilt:

(3) $$\delta U_1/\delta Y_2 > \delta U_1/\delta Y_1.$$

Für die Transferbereitschaft entscheidend sind somit die ursprüngliche Ausstattung des Gebenden sowie dessen spezifische Präferenzstruktur. Diese Argumentation lässt sich auch graphisch veranschaulichen[9]. Gehen wir davon aus, dass die Primärverteilung der Einkommen durch den Punkt A in Abb. 1 charakterisiert ist. Die vom Ursprung ausgehende 45°-Linie repräsentiert die Zustände egalitärer Einkommensverteilung. Im vertikalen Abstand zwischen A und der 45°-Linie kommt somit der ursprüngliche Unterschied in der Verteilung zum Ausdruck.

Die aus Sicht des Individuums 1 durch Umverteilung zu erreichenden Zustände liegen auf der Transfermöglichkeitenkurve, die mit der Steigung -1 von A in Richtung der Gleichverteilungsgeraden verläuft. Die Präferenzen des Individuums 1 bezüglich unterschiedlicher Aufteilungen des insgesamt vorhandenen Einkommens lassen sich durch eine Indifferenzkurvenschar darstellen, aus der hier zwei Kurven, I_{11} und I_{12}, eingezeichnet sind. In der Konvexität dieser Kurven kommt die Vorstellung zum Ausdruck, dass für das Individuum 1 bei relativ hohem eigenen Einkommen (z.B. Y_{10}) und relativ geringem Einkommen von

[8] Sicherlich gibt es zu dieser Annahme Gegenbeispiele. So erhalten Sänger, Filmstars, aber auch Politiker Geschenke - häufig von Personen, die materiell weitaus schlechter gestellt sind als die Empfänger selbst. Diesen Geschenken dürfte aber primär nicht der Wunsch zugrundeliegen, die materielle Ausstattung der Empfänger zu verbessern, sondern diese via Geschenk der vorhandenen Unterstützung oder Zuneigung zu versichern.

[9] Vgl. Meyer/Shipley (1970).

Individuum 2 (z.B. Y_{20}) ein Nutzenverlust infolge eines um einen bestimmten Betrag verringerten eigenen Einkommens durch einen hierzu vergleichsweise geringen Einkommenszuwachs des weniger wohlhabenden Individuums 2 kompensiert werden kann. Mit steigendem Einkommen des 2 und sinkendem Einkommen des 1 nimmt die marginale Substitutionsrate ab. Aufgrund der getroffenen Annahme in Bezug auf die Existenz positiver Nutzeninterdependenzen verlaufen die Indifferenzkurven des Individuums 1 oberhalb der Gleichverteilungsgeraden.

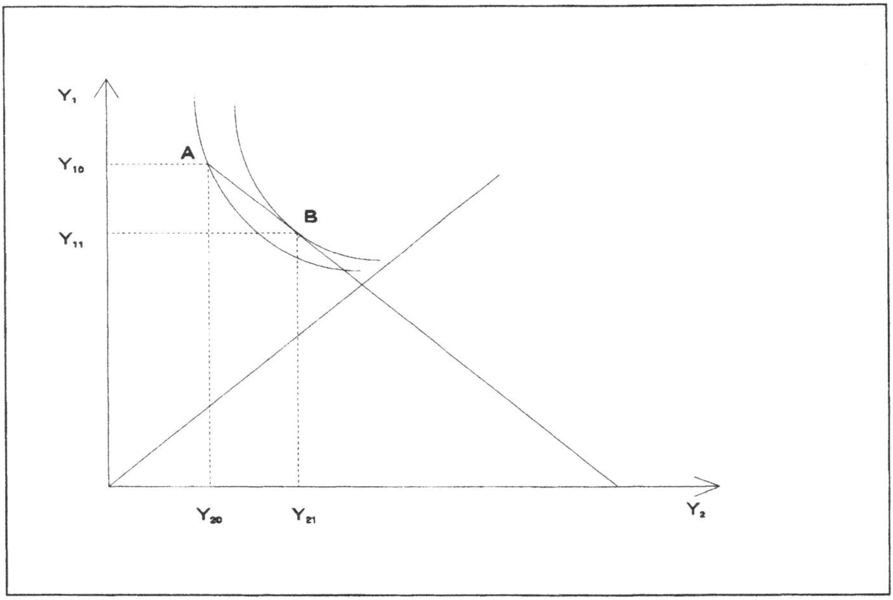

Schaubild 1: Pareto-optimale Umverteilung
Quelle: Meyer/Shipley (1970), S. 989.

In der Steigung der Indifferenzkurven kommt das jeweilige Verhältnis der Grenznutzen zum Ausdruck. Es gilt

$$-\frac{dY_1}{dY_2} = \frac{\partial U_1 / \partial Y_2}{\partial U_1 / \partial Y_1} \tag{4}$$

Das Individuum 1 kann seinen Nutzen solange durch Umverteilung erhöhen, wie der Absolutwert des Grenznutzenverhältnisses größer als 1 ist. Der Optimalpunkt liegt dort, wo sich die Grenznutzen größenmäßig entsprechen. Hier nämlich haben Indifferenzkurve und Transfermöglichkeitenkurve die gleiche Steigung von -1. Weitere Transferaktivitäten würden den Redistribuenten schlechterstellen.

Im bisherigen Beispiel war es die absolute Einkommenshöhe des weniger wohlhabenden Individuums 2, aus der der positive externe Effekt für das Individuum 1 resultierte. Positive Grenznutzen von Y_2 bezüglich U_1 existierten annahmegemäß, solange $Y_2 > Y_1$ war. Nun wird realiter die bloße Tatsache, dass ein anderes Individuum ein geringeres Einkommen bezieht, nur für sehr wenige Individuen schon einen positiven Zusammenhang ihres Nutzenempfindens mit dem Einkommen dieses anderen bewirken. Realistischer dürfte es vielmehr sein, von bestimmten Schwellenwerten auszugehen, deren Unterschreiten erst zu einem solchen Zusammenhang führt. Solche Schwellenwerte könnten gleichsam als *subjektive Armutsgrenze* interpretiert werden. Ebenso, wie individuelle Ansichten darüber, was Armut ausmacht, auseinandergehen, ebenso wird es beträchtliche interindividuelle Unterschiede hinsichtlich jenes, positive Nutzeninterdependenzen auslösenden Schwellenwertes geben. Auf den aktuellen Diskurs zur Angemessenheit des „Hartz IV"-Sicherungsniveaus sei hier verwiesen.

Würde sich ein solcher Einkommensschwellenwert in neoliberaler Minimalsicht am physischen Existenzminimum ($Y_{Exm.}$) ausrichten, ist zu bedenken: Ein verfügbares Einkommen $Y_{Exm.}$ stellt die physische Subsistenz nicht zwangsläufig sicher, kann es doch infolge unwirtschaftlichen Verhaltens gleichwohl zur Unterversorgung mit zum Leben unerlässlichen Gütern kommen. Nahe liegt daher, dass sich Nutzeninterdependenzen auch direkt auf das von 2 konsumierte Güterbündel bzw. auf dessen Zusammensetzung (güterbündelbezogene Nutzeninterdependenzen) oder aber ausschließlich auf den Konsum bestimmter Güterarten[10] (güterartbezogene Nutzeninterdependenzen) beziehen werden.[11] Die Nutzenfunktion eines wohlhabenden Individuums könnte - bezeichnet man die für das bedürftige Individuum 2 verfügbaren Güterarten mit X_{2i} -

im letztgenannten Fall die Form

(5) $$U_1 = U_1 (Y_1, X_{21}, X_{22}, X_{23})$$

[10] So kann ein Individuum etwa wünschen, dass ein anderes Individuum über Nahrung, Unterkunft und Bekleidung verfügen möge, wobei auch hier subjektive Schwellenwerte - im Sinne einer Vorstellung von bestimmten Mindeststandards - eine Rolle spielen können.

[11] Nutzeninterdependenzenauslösende Schwellenwerte können auch relativer Natur sein. Die Frage danach, warum nun welche Form von Nutzeninterdependenz im Präferenzsystem eines Individuums inkorporiert ist, zielt indes auf Forschungsgebiete wissenschaftlicher Nachbardisziplinen. Durch die Annahme gegebener Präferenzen wird dieser Fragenkomplex von Ökonomen regelmäßig exogenisiert.

annehmen, wobei

(6) $$\partial U_1/\partial X_{2i} > 0 \text{ mit } i = 1\ (1)\ 3.$$

Welche Implikationen ergeben sich, wenn man statt des 2- den N-Personen-Fall betrachtet? Augenfällig ist, dass die persönliche Beziehung zwischen Gebendem und Empfänger, von der man im 2-Personen-Fall ausgehen konnte, nun nicht mehr unterstellt werden kann. Dass gerade das persönliche Beziehungsnetz, das individuelle Sozialkapital entscheidend für handlungsrelevante Unterstützungsdisposition ist, gehört realiter zur Alltagserfahrung. Die - oben schon erwähnte - *intrafamilale Umverteilung*[12] ist ein Beispiel. Aber auch ganz unabhängig von verwandtschaftlichen Beziehungen: Im Falle persönlicher Bekanntschaft etwa mit einem vom Hungertod bedrohten Individuum werden positive Nutzeninterdependenzen beim Gebenden ungleich stärker sein, als wenn er lediglich die abstrakte Information über einen ebensolchen, an einem weit entlegenen Ort lebenden Armen erhält. Persönliche Bekanntschaft ist gleichwohl keine notwendige Voraussetzung für Nutzeninterdependenzen. Individuen haben bestimmte Gerechtigkeitsvorstellungen, etwa im Hinblick auf Verteilungssituationen, auf eine materielle Mindestversorgung. Das Wissen um ein Unterschreiten von als "gerecht" empfundenen (Mindest-) Sollzuständen kann zu positiven Nutzeninterdependenzen führen - wobei solche Sollzustände keineswegs in Bezug auf alle Individuen gleich sein müssen; sie können vielmehr nach Maßgabe unterschiedlicher Kriterien - zu denken wäre hier an nationale Zugehörigkeit, geographische Lage des Wohnortes, soziale Umstände[13] etc. - variieren.[14]

---

[12] Wenngleich es nicht ausschließlich positive Nutzeninterdependenzen sind, die redistributiven Aktivitäten innerhalb der Familie zugrundeliegen. Simmel weist bereits darauf hin, daß "sogar innerhalb der Familie [..] unzählige Unterstützungen nicht nur um des Unterstützten willen (erfolgen), sondern damit er der Familie keine Schande mache und diese nicht durch die bloße Tatsache der Armut eines Mitgliedes ihre Reputation verliere." Simmel (1958), S. 349.

[13] Die auch in der Historie stets bedeutsame Unterscheidung in würdige und unwürdige Arme indiziert: Ein wichtiges Kriterium für positive Nutzeninterdependenzen ist die seitens des Gebenden *wahrgenommene* Nicht-Schuldhaftigkeit des Mittellosen an seinem Schicksal.

[14] Douty bemerkt in einer Arbeit, die sich mit Hilfsbereitschaft nach Katastrophen beschäftigt, dass "(t)he bulk of outside charity to victims comes from individuals sharing the same nationality, implying the importance of cultural identification"; Douty (1972), S. 588. Ein interessantes Beispiel für das Kriterium nationale Zugehörigkeit lieferte auch die nach dem Mauerfall einsetzende Diskussion, ob die Wiedervereinigung Deutschlands sehr rasch oder erst nach einer mehrjährigen Übergangszeit vollzogen werden sollte. Hier tauchte das Argument auf,

Umverteilung hat hier einen *Kollektivgutcharakter*. Der Nutzen des Individuums 1 steigt nämlich auch dann an, wenn das Mangel leidende Individuum 2 von irgendeinem anderen Individuum i einen Transfer erhält. Letzteres kann die durch seine Umverteilungsaktivität induzierten positiven externen Effekte nicht internalisieren. Deshalb kann 1 seine Eigenkonsumtion uneingeschränkt aufrechterhalten, ist insofern besser gestellt, als wenn er den Transfer selbst getätigt hätte (free-rider). Aufgrund der Kollektivgut-Problematik kommt es, gemessen an den bestehenden Redistributionspräferenzen, zu einer "zu geringen" Umverteilung – ein Grund, Umverteilung *staatlich* zu organisieren.[15] Es ist staatlicher Zwang, der den Beteiligten hier das Erschließen bestehender Nutzenpotenziale erlaubt: "a 'large' government poverty program may be pareto-optimal even though private charity programs for the poor do not receive any contributions"[16].

Dies sei im Folgenden formal veranschaulicht. Ausgegangen sei von einer N Individuen umfassenden Gesellschaft, die aus K armen Individuen und N-K reichen Individuen besteht. Letztere seien in ihrem Nutzenempfinden durch Funktionen der Form

(7) $$U_i = U_i\,(Y_i, Y_1, Y_2, ..., Y_k)$$

dass gerade die gemeinsame Staatszugehörigkeit angesichts der erforderlichen gewaltigen Übertragungen von West nach Ost von entscheidender Bedeutung sei, denn - so etwa Härtel - "die Bereitschaft der westlichen Bürger zum Transfer von finanziellen und materiellen Ressourcen (ist) zweifellos größer, wenn sie Bürgern des gleichen Staates zugute kommen". Härtel (1990), S. 490 f.

[15] "Wir wären vielleicht allesamt dazu bereit, zur Beseitigung der Armut beizutragen, *vorausgesetzt*, jeder beteiligte sich daran. Ohne eine derartige Zusicherung würden wir vielleicht nicht den gleichen Betrag aufbringen." Friedman (1984), S. 244. Eine weitere, beachtenswerte Begründung für die Existenz staatlicher Armentransfers haben Lee/McKenzie geliefert. Empfindet ein Individuum - beispielsweise angesichts der Existenz von Notleidenden in seiner Nachbarschaft - das Bedürfnis, helfen zu müssen, weiß es bei direkter eigener Transferleistung an die sein Mitgefühl Weckenden mit Sicherheit, dass es die Finanzierungslast des Transfers in voller Höhe trifft. Befriedigt das Individuum sein Bedürfnis zu helfen hingegen dadurch, dass es seine Wahlstimme im Sinne einer Etablierung staatlicher Armentransfers abgibt, tut es dies in dem Bewusstsein, dass diese Stimme lediglich eine unter einer Vielzahl von Stimmen, also weitgehend einflusslos ist. Unabhängig davon, ob es letztlich zur Etablierung der Armentransfers kommt, seine Stimme ändert am Ergebnis letztlich nichts. Lee/McKenzie stellen insofern fest, "(i)t happens that this [voting in favor of anti-poverty-programs; M.W.] is one of the cheapest ways for an individual to express concern for the poor. [...] Expressing concern for the poor at the polls is much like expressing concern for the poor in polite conversation; it feels good and it costs nothing." Lee/McKenzie (1988), S. 400.

[16] Goldfarb (1970), S. 995.

charakterisiert, wobei Y_1 bis Y_k für die jeweiligen Einkommen der K armen Individuen stehen. Entscheidend für das abgeleitete Ergebnis ist nun die Annahme, die Nutzenfunktionen der Reichen seien jeweils unabhängig vom Einkommen der anderen Reichen. Werden die Reichen mit einer Steuer in Höhe von je 1 Geldeinheit belegt, deren Aufkommen insgesamt, also (N-K) Geldeinheiten, gleichmäßig an die Armen verteilt wird, so erzielt das reiche Individuum i aufgrund seiner positiven Nutzeninterdependenzen einen Nutzenzuwachs von

(8) $$[(N/K)-1]\sum_{j=1}^{K}\frac{\partial U_i}{\partial Y_j}.$$ [17]

Stellt man diesem Nutzenzuwachs nun noch die Nutzenabnahme im Zuge verringerter Eigenkonsumtion gegenüber, ergibt sich als Nettonutzenzuwachs

(9) $$[(N/K)-1]\sum_{j=1}^{K}\frac{\partial U_i}{\partial Y_j}-\frac{\partial U_i}{\partial Y_i}.$$

Wäre die eine Geldeinheit nicht im Rahmen einer für alle Reichen geltenden Armensteuer gezahlt worden, sondern freiwillig an eine wohltätige Organisation, die diese eine Geldeinheit des Reichen auch gleichmäßig unter die Armen verteilt, so ergäbe sich als Netto-Nutzenänderung

(10) $$\frac{1}{K}\sum_{j=1}^{K}\frac{\partial U_i}{\partial Y_j}-\frac{\partial U_i}{\partial Y_i}.$$

Dieser Term ist, sofern die Gruppe der Reichen nicht nur aus einem Individuum besteht, kleiner als der obige Term (9) für den Fall der Besteuerung. Der transferbedingte Nutzenentgang ist für das Individuum i in beiden Fällen gleich groß; im Falle einer Besteuerung ist der Nutzenzuwachs infolge des positiven externen Effekts aber größer, weil auch die anderen Reichen zahlen (müssen). In Fällen, in denen das Individuum allein keinen Transfer tätigen würde, weil der Nutzenzuwachs infolge des positiven externen Effekts den Nutzenverlust aufgrund geringerer Eigenkonsumtion nicht kompensiert, kann also durchaus eine Transferbereitschaft gegeben sein, wenn sichergestellt ist, dass auch andere Individuen zur Armenunterstützung beitragen. Im Falle kleiner Gruppen können dies durchaus informelle, sozial kontrollierte und sanktionierte Normen gewährleisten. Nicht zuletzt darauf rekurriert ja die kommunitaristische Perspektive. In großen Gruppen indes kann die virulente Kollektivgutproblematik - zumal

[17] [(N/K) - 1] ist der Transfer, den jeder Arme erhält, nämlich (N - K)/K.

dann, wenn (einheitliche) Standards realisiert werden sollen - nur über formelle Normen, über sanktionsbewehrte Steuer- bzw. Transfergesetze überwunden werden.

b) malevolente Motive

Bei der Malevolenz, einer mit Einkommensumverteilung zunächst eher nicht assoziierten Motivlage, handelt es sich gleichsam um den altruistischen Fall mit geändertem Vorzeichen. Der Konsum (beispielsweise eines bestimmten Luxusgutes) eines Individuums B mindert den Nutzen eines anderen Individuums A. A's Nutzen steigt, wenn sich B's Konsum des Luxusgutes reduziert. Die Nutzensteigerung resultiert somit nicht daraus, dass diese von B weniger konsumierte Gütermenge nun etwa dem A zur Verfügung stände, die Nutzensteigerung erwächst lediglich aus der *Schlechterstellung* des B. Es liegen negative Nutzeninterdependenzen vor. Betrachtet man zunächst wieder die 2-Personen-Gesellschaft, bestehend aus dem wohlhabenden Individuum 1 und dem bedürftigen Individuum 2, so lassen sich - angenommen 2 empfinde Neid gegenüber dem 1 - die Nutzenfunktionen darstellen als

(11) $$U_1 = U_1(Y_1)$$

und

(12) $$U_2 = U_2(Y_2, Y_1), \quad \text{wobei} \quad \delta U_2/\delta Y_2 > 0, \quad \delta U_2/\delta Y_1 < 0.$$

Zu freiwilligen Transfers wird es in diesem Fall nicht kommen, da 1 lediglich Nutzen aus seiner Eigenkonsumtion zieht, positive Nutzeninterdependenzen also nicht existieren. Ob 2 das Einkommen des 1 vermindern kann, ist letztlich eine Frage der Möglichkeit, Zwang auszuüben. Es erscheint in der Tat zunächst wenig einleuchtend, wie (freiwillige) Transfers aus dem negativ assoziierten Motiv des Neides heraus zu erklären sein sollen, zielt dies doch gerade auf ein Schlechterstellen des anderen. Tatsächlich lassen sich aber Argumente hierfür finden, wenn wir unsere Gesellschaft um das Individuum 3 erweitern.[18] Dieses erziele ein Einkommen, das dem des 1 entspricht. Jedes der drei Individuen sei nun auf die beiden anderen neidisch; d.h., ihre Nutzen hängen jeweils (positiv) vom eigenen Einkommen sowie (negativ) vom Einkommen der übrigen ab. Das Einkommensgefälle zwischen den Wohlhabenden und dem Bedürftigen sei al-

[18] Vgl. zum folgenden Brennan (1973), S. 173-183.

lerdings so groß, dass das Neidempfinden ersterer gegenüber letzterem vernachlässigbar sei, was durchaus plausibel erscheint. Es gelte also

(13) $$\delta U_1/\delta Y_2 = \delta U_3/\delta Y_2 = 0.$$

Es sei weiter angenommen, dass ein Anstieg des jeweils eigenen Einkommens mit abnehmendem Grenznutzen einhergehe. Empfindet ein Individuum i gegenüber einem anderen Individuum j Neid, so sei der negative Grenznutzen für i aus dem Einkommen des j (absolut) umso größer, je höher j's Einkommen ist. Neid weise darüber hinaus *Superioritätseigenschaften* auf. Die Präferenzen der wohlhabenden Gesellschaftsmitglieder 1 und 3 sind im Schaubild 3.10 dargestellt. Die Indifferenzkurven weisen infolge der Modellannahmen folgende Eigenschaften auf: Sie sind positiv geneigt, denn es gilt beispielsweise für Individuum 1

(14) $$-\frac{dY_3}{dY_1} = \frac{\partial U_1 / \partial Y_1}{\partial U_1 / \partial Y_3},$$

wobei $\delta U_1/\delta Y_3 < 0$ und $\delta U_1/\delta Y_1 > 0$. Analoges trifft für Individuum 3 zu. Bleibt das Einkommen des 1 konstant und nimmt das Einkommen des 3 zu, dann nimmt die Steigung der Indifferenzkurven des 1 entlang der entsprechenden Parallelen zur Ordinate ab. Er wird immer "neidischer", d.h. er ist bereit, immer mehr Ressourcen einzusetzen, um 3 einen bestimmten Schaden (= Verringerung dessen Einkommens) zuzufügen. Steigt das Einkommen des 1 bei Konstanz des Einkommens des 3, so nimmt die Steigung seiner (des 1) Indifferenzkurven entlang der entsprechenden Parallelen zur Abszisse ebenfalls ab; Neid weist - so war unterstellt worden - Superioritätseigenschaften auf.

Der Punkt A stelle nun die Einkommensverteilung bezüglich 1 und 3 dar. Die ebenso interessante wie originelle Implikation ist hier, dass sich sowohl 1 als auch 3 verbessern können, indem sie z.B. einen Transfer an den ebenfalls neidischen 2 leisten.[19] Die Nutzen der Individuen 1 und 3 nehmen zu, solange ausgehend von A kein Tangentialpunkt der Indifferenzkurven realisiert wird, weil die Genugtuung aus der Verringerung des Einkommens des jeweils anderen den Nutzenverlust infolge verringerten eigenen Einkommens überkompensiert. Brennan zufolge, " it does appear as if malice and envy may not be wholly un-

[19] Wäre oben nicht die Annahme gemacht worden, die Neidempfindungen der Wohlhabenden (1 und 3) gegenüber dem mit nur geringem Einkommen ausgestatteten 2 seien gleich Null, hätten die Individuen 1 und 3 eine beidseitige "Zerstörung" von Einkommen der Transfervergabe vorgezogen - so sind sie indifferent.

mitigated evils - which is perhaps reassuring, since they do seem to exist in some abundance"[20].

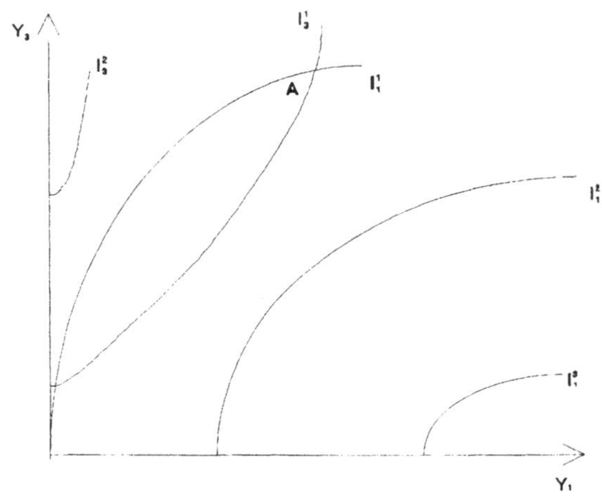

Schaubild 2: Indifferenzkurvendiagramm malevolenter Individuen
Quelle: Brennan (1973), S. 177.
Erläuterung zur Indifferenzkurvenbezeichnung: Der untere Index bezieht sich auf das Individuum, zu desssen Indifferenzkurvenschar die eingezeichnete Kurve gehört (also 1 oder 3), der obere Index bezieht sich auf das Nutzenniveau, das die Kurve repräsentiert. Je höher dieser Indexwert, desto höher das Nutzenniveau.

Erweitert man die Betrachtung auf den N-Personen Fall, lässt sich auch hier eine Free-Rider-Problematik ausmachen, denn jedes Individuum empfindet eine Nutzensteigerung, wenn alle anderen ihr Einkommen vermindern, es selbst hingegen sein Einkommen unverändert beibehält. Insofern resultiert auch aus diesem Argumentationskontext eine Begründung für staatliche Aktivität.

[20] Brennan (1973), S. 182.

c) egoistische Motive

Eine Umverteilungshandlung kann auch lediglich instrumentellen Charakter besitzen. Der Redistribuent kann etwa das Ziel verfolgen, sein Ansehen in einer Bezugsgruppe zu steigern. Möglicherweise schlägt sich dieses Ansehen auch in einer verbesserten materiellen Ausstattung des Gebers in der Zukunft nieder. Ein derart gelagertes Motiv ließe sich etwa bei jenen Unternehmens-, Verbands- oder Vereinsvertretern vermuten, die gern in den Medien auftauchen und durch großdimensionierte Spendenschecks öffentlichkeitswirksam ihrer vermeintlichen Gemeinwohlorientierung Ausdruck verleihen wollen.[21] Der Akt des Spendens kann zudem als eine Art Statussymbol fungieren und Reichtum signalisieren. "Charity may be especially useful in signalling to persons who do not usually see a person's big house or expensive car."[22]

Im Unterschied hierzu kann dem Geber aber auch Nutzen aus der Transferhandlung unmittelbar erwachsen, und zwar ohne dass Dritte davon erfahren. Hier ist vor allem an religiös motivierte Spendentätigkeit zu denken,[23] bei der für den Spendenden die Aktivität als solche zu einem gleichsam immateriellen Einkommen führt.[24] Interessant in diesem Zusammenhang ist die für das Mittelalter typische Bettelpraxis. Der Gabe an die – nicht selten in Bettelorden organisierten – Armen lag ein regelrechter Tausch zugrunde. Der Empfänger bot tatsächlich eine konkrete Gegenleistung: Gebet und Fürbitte. Das Almosen kann insofern als Entgelt für eine nachgefragte "Dienstleistung" begriffen werden. Der Vorgang als solcher unterscheidet sich von herkömmlichen Tauschgeschäften jedenfalls nicht prinzipiell. Eine free-rider-Problematik taucht hier nicht auf. Denn nur der, der gespendet hat, kann auf Seelenrettung hoffen bzw. erhält die "Gegenleistung" des Bettlers.

Dass zwischen sozialen Unruhen, Revolutionsgefahr und Kriminalität einerseits und Mangelsituationen andererseits ein Zusammenhang besteht, ist keine neue

---

[21] Vgl. auch Veblen (1971), S. 251 f.

[22] Glazer/Konrad (1991), S. 2.

[23] So führt etwa Simmel ein Beispiel für den Fall an, daß "das Motiv der Gabe [..] ausschließlich in der Bedeutung des Gebens für den Gebenden (liegt). Als Jesus dem reichen Jüngling sagte: schenke deinen Besitz den Armen, - kam es ihm ersichtlich auf die Armen gar nicht an, sondern nur auf die Seele des Jünglings, zu deren Heil jener Verzicht das bloße Mittel oder Symbol ist". Simmel (1958), S. 348.

[24] Hierzu heißt es in der Bergpredigt:"Wenn du also Almosen gibst, so laß nicht vor dir her trompeten, wie es die Heuchler in den Synagogen und in den Gassen machen, um von den Menschen gelobt zu werden. [...] Sie haben schon ihren Lohn. Du aber, wenn du Almosen gibst, dann soll deine Linke nicht wissen, was deine Rechte tut, damit dein Almosen im Verborgenen bleibe; und dein Vater, der ins Verborgene sieht, wird dir vergelten." Mat 6, 1-4 (Einheitsübersetzung der HEILIGEN SCHRIFT).

Erkenntnis. Sie findet sich bereits in der Literatur der Antike.[25] Der Psychoanalytiker Fromm unterscheidet in "Die Seele des Menschen" verschiedene Formen von Gewalttätigkeit. Eine dieser Formen stellt die *reaktive Gewalttätigkeit* dar, unter die er wiederum unterschiedliche Typen subsumiert. Ein solcher Typus ist diejenige reaktive Gewalttätigkeit, "die durch Frustration erzeugt wird. Aggressives Verhalten findet sich bei Tieren, Kindern und Erwachsenen, wenn bei ihnen ein Wunsch oder ein Bedürfnis unbefriedigt bleibt [...]. Ein solches aggressives Verhalten stellt einen [...] Versuch dar, sich das, was einem vorenthalten wird, mit Gewalt zu verschaffen."[26]

Neben Psychologen und Soziologen haben sich auch Ökonomen damit beschäftigt, Ursachen illegaler Verhaltensweisen aufzudecken. Es war vor allem Becker, der unter Rückgriff auf Ideen Benthams[27] das ökonomische Analyseinstrumentarium auf den Bereich der *Kriminalität* angewendet hat und gezeigt hat, dass auch aus der Perspektive seiner Profession Erhellendes zu diesem Problemkreis beizutragen ist.[28] Grundidee dieses Ansatzes ist die Annahme, dass Straftäter sich in ihrer Motivationsstruktur nicht prinzipiell von anderen Individuen unterscheiden. Verbrecherische Handlungen sind letztlich Resultat von Nutzen-Kosten-Abwägungen, oder - wie Schmidt/Witte es formulieren - "(f)rom an economist's standpoint, an individual's decision to commit a crime is not qualitatively different from his or her decision to buy an orange. Just as an increase in the price of oranges should decrease consumption of oranges so should an increase in the expected cost of committing a crime decrease the number of crimes committed."[29] Beckers Pionierarbeit hat eine Vielzahl von Autoren angeregt, sein ursprüngliches Modell auszubauen bzw. alternative Modellkonstruktionen vorzuschlagen.[30] Im Rahmen der vorliegenden Darstellung von Armentransfermotiven geht es lediglich um den Kerngedanken Beckers.

Dieser geht hinsichtlich des "Angebots" an Straftaten von der Funktion

$$O_j = O_j(p_j, f_j, u_j) \tag{15}$$

[25] Vgl. etwa Bolkestein (1967), S. 331.

[26] Fromm (1992), S. 21.

[27] Vgl. Bentham (1948).

[28] Vgl. Becker (1982), S. 39-96.

[29] Schmidt/Witte (1984), S. 142 f.

[30] Schmidt/Witte haben die rasante Entwicklung in einer Übersicht nachgezeichnet. Vgl. ebd., S. 165 ff. Vgl. hierzu auch Kunz (1999), S. 181-206 sowie dort angegebene Literatur.

aus, wobei O_j für die Straftaten einer Person j in einer Periode, p_j für die Wahrscheinlichkeit einer Verurteilung für eine Straftat und f_j für die für eine Tat vorgesehene Strafe im Falle der Verurteilung steht. Die Variable u_j umfasst übrige Einflussfaktoren, z.B. das verfügbare Einkommen für legale Aktivitäten.[31] Der erwartete Nutzen aus einem Verbrechen (EU) ergibt sich als

$$EU_j = p_j U_j(Y_j - f_j) + (1 - p_j) U_j(Y_j) \tag{16}$$

mit Y_j für das Einkommen des Individuums j durch das Verbrechen und U_j für seine Nutzenfunktion. Die partiellen Ableitungen machen deutlich, dass der erwartete Nutzen negativ von der Verurteilungswahrscheinlichkeit und der Höhe der Bestrafungskosten abhängt.

$$\frac{\partial EU_j}{\partial p_j} = U_j(Y_j - f_j) - U_j(Y_j) < 0 \tag{17}$$

$$\frac{\partial EU_j}{\partial f_j} = -p_j U_j'(Y_j - f_j) < 0 \tag{18}$$

letzteres unter der Voraussetzung positiver Grenznutzen des Einkommens.

Um nun zu bewirken, dass ein Individuum keine verbrecherischen Handlungen begeht, muss der aus einem Verbrechen erwartete Nutzen gering sein, geringer als der Nutzen, der aus legalen Aktivitäten gewonnen werden könnte. Offenbar gibt es hier zwei prinzipielle Ansatzpunkte:

1. Senken des aus einem Verbrechen erwarteten Nutzens, indem die Verurteilungswahrscheinlichkeit (p_j) - beispielsweise durch vermehrten Polizeieinsatz - und/oder die Härte der im Falle einer Verurteilung erfolgenden Strafe (f_j) erhöht wird ("tough"-Strategien),[32]

[31] Dieses Einkommen spielt auch eine Rolle bei der Beurteilung der Kosten einer Gefängnisstrafe, die "in der diskontierten Summe der entgangenen Einkommen und dem Wert (bestehen), der den Einschränkungen von Konsum und Freiheit beigemessen wird.[...] (D)ie Kosten einer Haftstrafe von gegebener Länge (sind) keine einheitliche Größe, sondern in der Regel etwas größer für einen Täter, der außerhalb des Gefängnisses mehr verdienen könnte". Becker (1982), S. 51.

[32] Welche dieser beiden Vorgehensweisen wirkungsvoller ist, bleibt letztlich eine Frage der Risikopräferenz. Vgl. Becker (1982), S. 49 f.

2. Steigern des Nutzens aus legalem Verhalten, um Anreize zur Ausübung verbrecherischer Handlungen zu mindern ("soft"-Strategien).

In einer produktionstheoretischen Sicht kann innere Sicherheit als Output angesehen werden, der mit verschiedenen substitutionalen Faktoren zu produzieren ist.[33] Solche Faktoren sind u.a. ein - mehr oder weniger gut ausgebautes - Strafverfolgungssystem oder aber Transfers an Individuen mit geringer materieller Ausstattung, um die ansonsten vergleichsweise geringen Opportunitätskosten kriminellen Verhaltens für diese Gruppe zu erhöhen. Welche Faktorenkombination sich im Hinblick auf einen effizienten Faktoreinsatz letztlich empfiehlt, ist eine Frage der Faktorgrenzproduktivitäten,[34] deren konkrete Beschaffenheit allerdings heftig umstritten ist.[35] Die Vermutung liegt nahe, dass in Situationen, in denen ein Individuum nicht zur Befriedigung seiner (über-) lebensnotwendigen Grundbedürfnisse in der Lage ist - es also beispielsweise Hunger leidet - "tough"-Strategien wenig erfolgversprechend sind. Für ein Individuum, das "nichts mehr zu verlieren" hat, wird kriminelles Verhalten auch bei vergleichsweise hoher Aufdeckungswahrscheinlichkeit und harter Strafe im Aufdeckungsfall eine lohnende Alternative sein.[36] Wenn dies zutrifft, dann empfiehlt sich zur Prävention illegalen Verhaltens zunächst einmal, eine existenzsichernde materielle Mindestversorgung für alle Individuen zu gewährleisten.

Es bleibt festzuhalten: Motiv für Transferzahlungen an Individuen ohne oder mit geringem Primäreinkommen kann sein, dass Redistribuenten den Nutzenverlust, den sie infolge transferbedingt verminderten Eigenkonsums erleiden, geringer einschätzen als den Nutzenzuwachs durch eine geringere Anzahl von Straftaten, d.h. durch höhere Sicherheit. Eine verbesserte materielle Ausstattung der Transferempfänger hat hier lediglich instrumentellen Charakter. Die dargestellte Argumentation kann im übrigen ohne weiteres auf den Prob-

---

33 Vgl. Rodgers (1974), S. 187 f.

34 Vgl. hiezu auch das Modell von Phillips/Votey (1981), S. 19 ff.

35 Empirische Untersuchungen weisen auf die Vorteilhaftigkeit eines Strategie-Mix hin, lassen allerdings keine Formulierung quantitativer Aussagen im Hinblick auf das "richtige" Verhältnis zu. Ergebnisse empirischer Arbeiten stellen Cooter/Ulen zusammen. Vgl. Cooter/Ulen (1988), S. 523 ff.

36 Der hungernde Obdachlose, der schutzlos kalter Witterung ausgesetzt ist und dem keinerlei Hilfe zuteil wird, verbessert seine Situation möglicherweise sogar, wenn er inhaftiert wird. Ein weiteres Beispiel ist der Suchtkranke, der kriminelle Handlungen zur Beschaffung seiner Droge begeht. Es muß zweifelhaft erscheinen, ob ein unter Entzugssymptomen Leidender durch eine "tough"-Strategie von Beschaffungsdelikten abgehalten werden kann. Vgl. hierzu auch Cooter/Ulen (1988), S. 527.

lemkreis soziale Unruhen bzw. Revolution übertragen werden. Grundsätzlich taucht in all diesen Fällen wiederum die free-rider-Problematik auf, denn Sicherheit wird ja auch dann "produziert", wenn andere die Transfers finanzieren, ohne dass man sich selbst beteiligt. Individuelle und kollektive Rationalität fallen auseinander; es liegt auch hier nahe, das Dilemma durch staatliche Umverteilungsaktivitäten zu lösen.

Individuen leben realiter in einer Welt, die durch Unsicherheit gekennzeichnet ist. Unvorhersehbare Ereignisse können eintreten, deren Folgen für ein Individuum von existentieller Bedeutung sind - der Verlust materiellen Vermögens infolge eines Brandunglücks etwa, der plötzliche Wegfall der Möglichkeit, sich über Erwerbsarbeit zu reproduzieren oder massive Ernteausfälle aufgrund widriger Witterung. Die Existenz solcher Risiken kann bei Individuen zu dem Begehren führen, sich gegen unsichere Ereignisse bzw. deren negative Folgen zu versichern. Von Bedeutung ist in diesem Zusammenhang die jeweilige Ausprägung individueller Risikoneigung. Liegt bei Individuen Risikoaversion vor, so sind sie bereit, sich gegen die Folgen des Eintretens bestimmter, unerwünschter Ereignisse zu versichern. Üblicherweise wird davon ausgegangen, dass Risikoaversion für die überwiegende Mehrheit der Menschen charakteristisch ist.[37] Da Menschen durch ihre gesamte Entwicklungsgeschichte hindurch Risiken ausgesetzt gewesen sind, ist es nicht verwunderlich, dass "(n)icht dem Namen, aber der Sache nach [...] Versicherung so alt (ist) wie die menschliche Gemeinschaft überhaupt"[38]. Vor dem Hintergrund der hier interessierenden Motive, Bedürftigen Unterstützung zu gewähren, ist nun interessant, dass Handlungen, die bei erster Betrachtung auf Altruismus zu beruhen scheinen, bei eingehender Untersuchung einen *inhärenten Versicherungscharakter* aufweisen können. Interessante Beispiele lassen sich in primitiven Gesellschaften finden, die infolge ihrer Produktionsmethoden sowie den Unwägbarkeiten der natürlichen Umgebung besonderen Subsistenzrisiken unterworfen waren – Risiken, denen sie im Wege wirksamer Sozialversicherungsarrangements begegneten.[39] Auf das Versiche-

---

[37] Vgl. etwa Henderson/Quandt (1983), S. 57; vgl. Schmidt/Witte (1984), S. 151.

[38] Mahr (1970), S. 29.

[39] Lundahl führt die Praxis der in Kalifornien lebenden Topo-Indianer an, die, bevor sie mit Weißen in Kontakt kamen, erzielte Nahrungsüberschüsse im Rahmen von "trade-feasts" teilten und sich durch die Hergabe von Nahrung die Sicherheit erwarben, bei eventuell auftretenden, zukünftigen Überschüssen seitens der Geladenen ebenfalls zu partizipieren. Vgl. Lundahl (1983), S. 39. "The obligation of sharing with kinsmen is not the only device by which primitive society, lacking formal insurance contracts or public substitutes therefore, provides hunger insurance for its members. Generosity - toward other members of one's village or band as well as toward kinsmen - is a more highly valued trait in primitive than in modern society and the reason appears to be that it is a substitute for formal insurance" Posner (1980), S. 14. Vgl. auch Sahlins (1972), insbes. S. 185 ff.

rungsmotiv wird im Übrigen auch rekurriert, um den im Gefolge von Katastrophen (Erdbeben, Bombenangriffe, etc.) regelmäßig festzustellenden Anstieg der Hilfsbereitschaft zu erklären.[40]

Tatsächlich kann nun auch hinter der Vergabe von Transfers an Arme ein Versicherungsmotiv vermutet werden. Schließlich kann kein Individuum mit Sicherheit vorhersehen, ob es nicht einmal selbst in die Situation des gegenwärtig Armen geraten wird. Bei Vorliegen von Risikoaversion wird ein Individuum bereit sein, auf Teile seines Einkommens zu verzichten, um im Gegenzug die Sicherheit zu haben, dass sein Einkommen in der Zukunft ein gewisses Minimum nicht unterschreitet.[41] Allerdings muss das versicherungswillige Individuum im Rahmen eines auf impliziten sozialen Regelungen basierenden Versicherungsarrangements - zumindest in großen Gruppen - mit dem Trittbrettfahrerverhalten anderer rechnen. Kommunitarier stellen nicht von ungefähr auf kleine, überschaubare Gemeinschaften, auf lokale Biotope unmittelbarer Solidarität und Nachbarschaftshilfe ab.[42] In großen Gruppen gilt indes: "No one is responsible for keeping track of who gave what to whom, and no individual [...] has the incentive to make sure that another individual [...] is meeting his obligations."[43] Die Voraussetzung für die Bereitschaft, einen eigenen Beitrag zu leisten, wird hier die Sicherheit eines konkret gegebenen Hilfeanspruchs sein, wenn der "Versicherungsfall" - Unterschreiten des Minimaleinkommens - eintreten sollte. Anders als etwa im Falle einer Versicherung gegen Feuerschäden gibt es bei einer *Mindesteinkommensversicherung* jedoch Aspekte, die das marktliche Zustandekommen eines Versicherungskontrakts, der einen solchen Leistungsanspruch beinhalten würde, verhindern. Buchanan/Tullock, auf die der Gedanke, das Versicherungsmotiv könne eine Begründung für Redistribution liefern, letztlich zurückgeht, gehen in "The Calculus of Consent" auf derartige Hemmnisse einer "income insurance" ein. "[...] the individual will rarely have sufficient wealth at the outset of his life to purchase the 'income insurance', that utility-maximizing considerations would dictate to be rational. [...] Since the private individual, by modifying his current behavior, is able to affect his claims

---

[40] "(I)t may be possible to rationalize behavior that appear altruistic as reflecting a long-run view of self-interest." Douty (1972), S. 585 f. Vgl. auch die Kritik zu diesem Erklärungsansatz von de Alessi (1975), S. 127-138.

[41] Vgl. auch Brennan (1973), S. 43.

[42] Vgl. auch Wüstenbecker (2004), S. 50-54.

[43] De Alessi (1975), S. 133. War in der Feudalgesellschaft noch die Abdeckung existentieller Risiken auf Basis der *überschaubaren* Einheiten Lehnsherrschaft und Familie möglich, führte die im Übergang zur Industriegesellschaft stark ansteigende regionale Mobilität zum Verlust dieser persönlichen Bindungen und damit zum Verlust der bisherigen Risikoabdeckung.

for compensations, a privately organized insurance plan might be impossible."[44] Hat das Individuum maßgeblichen Einfluss auf den Eintritt des Versicherungsfalls, so ist dies für einen Versicherer prinzipiell mit höheren Kosten, z.B. Kontrollkosten, verbunden, die zu einem Aufschlag auf die *faire Prämie* führen und diese letztlich so steigern können, dass sie die maximale Zahlungsbereitschaft des prinzipiell Versicherungswilligen übersteigt.[45]

Aufgrund der Problematik einer privaten Einkommensversicherung werden, so Buchanan/Tullock, Individuen eine kollektive Organisation von Umverteilung befürworten, um auf diese Weise die Möglichkeit von in der Zukunft auftretenden Armutsphasen auszuschließen.[46] Diese Überlegungen deuten zunächst einmal auf eine besondere Relevanz des Versicherungsmotives für die Existenz staatlicher Armenunterstützung hin. Zu berücksichtigen ist allerdings, dass Buchanan/Tullock von der Entscheidungssituation des Individuums auf einem "constitutional level" ausgehen, d.h., es kennt seine gesellschaftliche Position in der Zukunft nicht.[47] In der realen Welt hingegen wissen Individuen sehr wohl um ihre Stellung in der Gesellschaft und können Erwartungen hinsichtlich ihrer zukünftigen Einkommenssituation bilden. Mag in primitiven Gesellschaft noch *jedes* Mitglied der Bedrohung seiner Subsistenz ausgesetzt gewesen sein - z.B. wegen mangelnder Nahrung infolge widriger Naturereignisse - so gilt für entwickelte Gesellschaften, dass "poverty is not a random variable over the entire population".[48] Wissen die Individuen aber um ihr unterschiedliches Armutsrisiko - eine Information, die einem eventuellen Versicherer nicht unbedingt zugänglich sein muß - wird sofort ein weiteres Hemmnis für die marktliche Befriedigung des Einkommensversicherungsbegehrens augenfällig. Würde ein privater Versicherer Individuen nämlich einen Kontrakt zur Absicherung eines Minimaleinkommens anbieten, müßte er mit *adverser Selektion* rechnen. Ein Kontrakt, der allen Individuen die gleichen Bedingungen bietet, wird für jene, die nur einem vergleichsweise geringen Verarmungsrisiko unterliegen, unattraktiv sein; sie werden sich nicht versichern. Die tatsächlichen Versicherungsnehmer würden sich aus "schlechten Risiken" zusammensetzen, was sich erhöhend auf die Prämie auswirken würde. Dies wiederum würde dazu führen, daß weitere Individuen die Versicherung für unattraktiv befinden. Schließ-

---

[44] Buchanan/Tullock (1962), S. 193.

[45] Vgl. zur Unversicherbarkeit von Risiken Borch (1990), S. 315 ff.

[46] Vgl. Buchanan/Tullock (1962), S. 193.

[47] Vgl. ebd., S. 191; vgl. auch Brenann/Buchanan (1985), S. 30. "Faced with genuine uncertainty about how his position will be affected by the operation of a particular rule, the individual is led by his self-interest calculus to concentrate on choice options that eliminate or minimize prospects for potentially disastrous results." Ebd.

[48] Rodgers (1974), S. 178.

lich würden gerade die Individuen, die den größten Existenzrisiken ausgesetzt sind, mit sehr hohen Prämien konfrontiert, die ihnen die Kontraktschließung letztlich unmöglich machen.[49]

Wegen der Unmöglichkeit einer Versicherung über den Markt kann das Versicherungsmotiv zum Wunsch nach staatlicher Intervention führen. Die staatliche Gewährleistung einer materiellen Minimalausstattung vermeidet die adverse Selektion, weil hinsichtlich der "Mitgliedschaft" Zwang ausgeübt werden kann. Insgesamt liegt die Vermutung nahe, dass das Versicherungsmotiv vor allem für jene mit relativ hohem Armutsrisiko, insbesondere also im unteren Einkommensbereich, von Bedeutung sein wird. Für Bezieher höherer Einkommen ist nicht nur das Risiko geringer, sie sind zudem eher in der Lage, sich durch Ersparnisbildung gleichsam selbstzuversichern. Tatsächlich wird es kaum möglich sein, bei einem Individuum, das die staatliche Gewährleistung einer materiellen Mindestausstattung befürwortet, zu separieren, inwieweit dies egoistisch-versicherungsmotiviert ist oder etwa auf Altruistismus beruht. Es ist fraglich, ob sich realiter Individuen ihrer Motivkonstellation überhaupt selbst bewusst sind. Bei denjenigen, die eine staatliche Mindestversorgung befürworten und a priori zu den Begünstigten gehören, wird man jedenfalls kaum noch vom Versicherungsmotiv sprechen können, sondern vom Motiv, direkt die eigene materielle Situation verbessern zu wollen (Empfängerpräferenzen).

Fazit

Umverteilungsmotive können, so lässt sich festhalten, außerordentlich vielfältig sein. Und ebenso vielfältig sind die Einflussgrößen auf das Umverteilungsgeschehen. Klar ist: Existenzielle Einkommensbedarfe von individueller Umverteilungsbereitschaft, von der Mildtätigkeit regional verfügbaren Sozialkapitals, von Existenz und Funktionsfähigkeit eines steuerungspotenten Werterasters abhängig zu machen, das mag in frühzeitlichen Tribalgesellschaften mit einheitlicher normativer Grundierung *die* strategische Option gewesen sein. In der durch hohe Mobilität gekennzeichneten Wirklichkeit wertpluraler postindustrieller Gesellschaften würde eine so ausgerichtete „Sicherungsprogrammatik" einen folgenschweren sozialpolitischen Schritt zurück bedeuten.

Auch wenn die in zahlreichen ‚Umverteilungssettings' virulente Kollektivgut-Problematik in kleinen, stabilen Gruppen über informelle Normen prinzipiell zu überwinden ist: Selbst wenn eine überregionale Gleichheit sozialer Sicherungsstandards für verzichtbar erscheinen sollte, kann grundsätzlich nur in solchen Quartieren bzw. Nachbarschaften gegenseitige materielle Unterstützung geleis-

---

[49] Schönbäck spricht in diesem Zusammenhang von relativer Armut, und zwar Armut bezogen auf die Höhe der Prämie. Schönbäck (1980), S. 40 ff.

tet werden, in denen der Einzelne über entsprechende zum Transfer verwendbare Überschussressourcen verfügt. Längst aber ist sozialräumliche Entmischung eine dramatische stadtpolitische und -planerische Herausforderung auch in Deutschland. Eine Herausforderung, in deren Licht die kommunitaristische Programmatik, die Remoralisierung sozialer Bezüge als ein - durchaus sehr wünschbares - bürgerschaftliches Komplement eines im Kern unverzichtbar staatlich zu steuernden, existenzsichernden Umverteilungsgeschehens erscheint. Individuelle Nutzenfunktionen und ihnen ggf. inhärente Nutzeninterdependenzen lassen sich nun einmal nicht - in einem Sozialstaat ersetzenden Sinne - zielgerichtet konfigurieren und kalibrieren.

Grundsätzlich gilt: Wenn Räume für Pareto-Verbesserungen verfügbar sind, ist deren Erschließung anzustreben. Kommunitaristischer Tugenddiskurs darf indes nicht als argumentative Kulisse dienen, vor der die Sozialpolitik sukzessive der Haushaltspolitik geopfert wird. Bürgerschaftliches Engagement, nachbarschaftliche Unterstützung im Quartier gedeiht gerade nicht auf materieller Not. Sie setzt eine materielle Mindestsicherung notwendig voraus. Empirische Studien zum Ehrenamt zeigen das zuhauf.[50] Eine einfache substitutive Beziehung zwischen sozialem Gemeinsinn und hoheitlichem Zwang, wie sie der Titel dieses Beitrags suggerieren könnte, existiert realiter jedenfalls nicht.

[50] Vgl. Wüstenbecker (2001), S. 246 f.

Literatur:

de Alessi, L., Toward an Analysis of Postdisaster Cooperation, in: American Economic Review, 65, 1975, S. 127-138.

Becker, G. S., Der ökonomische Ansatz zur Erklärung menschlichen Verhaltens, Tübingen 1982.

Bentham, J., The Principles of Morals and Legislation, New York 1948.

Brennan, G./Buchanan, J.M., The Reason of Rules, Cambridge u. a. 1985.

Bolkestein, H., Wohltätigkeit und Armenpflege im vorchristlichen Altertum, Groningen 1967.

Borch, K.H., Economics of Insurance, Amsterdam u.a. 1990.

Brennan, G., Pareto Desirable Redistribution: The Non-Altruistic Dimension, in: Public Choice, 14, 1973, S. 43–67.

Buchanan, J./Tullock, G., The Calculus of Consent, Ann Arbor 1962.

Cooter, R./Ulen, T., Law and Economics, London 1988.

Dettling, W., Raus aus dem Jammertal, in: neue caritas, 13/2000, S. 8-13.

Douty, C.M., Disasters and Charity: Some Aspects of Cooperative Economic Behavior, in: American Economic Review, 62, 1972, S. 580-590.

Friedman, M., Kapitalismus und Freiheit, Frankfurt/Main u. a. 1984.

Fromm, E., Die Seele des Menschen, München 1992.

Glazer, A./Konrad, K.A., A Signalling Explanation for Private Charity, Münchener wirtschaftswissenschaftliche Beiträge, Nr. 91-21, 1991.

Goldfarb, R.S., Pareto Optimal Redistribution: Comment, in: American Economic Review, 60, 1970, S. 994-996.

Härtel, H.-H., Unterschätzter Zeitbedarf, in: Wirtschaftsdienst, X,1990, S. 490 f.

Hochman, H.M., Contractarian Theories of Income Redistribution, in: Helpman, E./Razin, A./Sadka, E. (Hrsg.), Social Policy Evaluation, New York u.a. 1983, S. 211-234.

Kunz, H., Kriminalität, in: Ramb, D. T./Tietzel, M. (Hrsg.), Ökonomische Verhaltenstheorie, München 1993, S. 181-206.

Lee, D.R./McKenzie, R.B., Helping the Poor through Governmental Poverty Programs: The Triumph of Rhetoric over Reality, in: Gwartney, J.D./Wagner, P.E. (Hrsg.), Public Choice and Constitutional Economics, London u.a. 1988, S. 387-408.

Lundahl, M., Insuring against Risk in Primitive Economies: The Role of Prestige Goods, in: Söderström, L. (Hrsg.), Social Insurance, Amsterdam u.a. 1983.

Mahr, W., Einführung in die Versicherungswirtschaft – Allgemeine Versicherungslehre, Berlin 1970.

Meyer, P.A./Shipley, J.J., Pareto Optimal Redistribution: Comment, in: American Economic Review, 60, 1970, S. 988-990.

Miegel, M., Epochenwende, Berlin 2005.

Petersen, H.-G., Ökonomik, Ethik und Demokratie, Baden-Baden 1993.

Phillips, L./Votey, Jr., H. L., The Economics of Crime Control, Beverly Hills u. a. 1981.

Posner, R.A., A Theory of Primitive Society, with Special Reference to Law, in: Journal of Law and Economics, 23, 1980, S. 1-53.

Ramb, D. T./Tietzel, M. (Hrsg.), 1999.

Rodgers, J.D., Explaining Income Redistribution, in: Hochman, H.M./Peterson, G.E. (Hrsg.), Redistribution through Public Choice, New York u. a. 1974, S. 165-205.

Safarik, F.J., Politische Ökonomie der Umverteilung, Zürich 1982.

Sahlins, M. Stone Age Economics, Chicago u. a. 1972.

Schmidt, P./Witte, A. D., An Economic Analysis of Crime and Justice, Orlando u. a. 1984.

Schönbäck, W., Subjektive Unsicherheit als Gegenstand staatlicher Intervention, Frankfurt/Main u. a. 1980.

Tullock, G., The Economics of Wealth and Poverty, Brighton 1986.

Tullock, G., Economics of Income Redistribution, Boston u. a. 1983.

Wüstenbecker, M., Zivilgesellschaft fördern?, in: Sozialer Fortschritt, Heft 9-10/2001, S. 244-247.

Wüstenbecker, M., Mehr Sozialkapital, weniger Sozialstaat?, in: Gesundheits- und Sozialpolitik, Heft 7-8/2004, S. 50-54.

Ulrich Kazmierski

Das Märchen vom medizinischen Versorgungsparadies oder: Warum die Gesundheitspolitik ihre Ziele nicht erreichen kann

1. Es war einmal …

ein fürsorgender König, der für sein Volk ein medizinisches Versorgungsparadies schuf, in dem die Menschen eine medizinische Rundum-Sorglos-Versorgung erhielten. In diesem Versorgungsparadies versetzte er die medizinischen Leistungsanbieter (Ärzte, Zahnärzte, Apotheker, Pharmahersteller u. a.) in den festen Glauben, ihre üppigen Einkommen wären marktmäßig angemessen verdient. Die medizinischen Leistungsnachfrager (versicherte Patienten) verführte der König in seiner Fürsorglichkeit zu der Anspruchshaltung, ein Recht auf maximale Gesundheitsversorgung zu haben. Selbst dann, wenn sie verantwortungslos mit ihren Körpern umgehen würden. Für diesen maximalen Gesundheitsservice mussten die Versicherten lediglich eine bescheidene Gesundheitsprämie entrichten. Auf diese Weise konnte das Versorgungsparadies problemlos solidarisch finanziert werden und über Einschränkungen der medizinischen Leistungen brauchte überhaupt nicht nachgedacht zu werden. Alle lebten in dem medizinischen Versorgungsparadies glücklich und zufrieden.

Die Zeiten änderten sich. Die medizinische Versorgung wurde durch den medizinisch-technischen Fortschritt besser und besser: die Menschen lebten länger und erfreuten sich als „junge Alte" immer länger ihrem andauernden, Un-Ruhestand'. Schreckliche Krankheiten konnten entweder geheilt oder doch beträchtlich gemildert werden. Die Bandscheibenoperationen von Bungeespringern, die Lungenkrebstherapien der Kettenraucher wurden genauso solidarisch finanziert wie die Dialysebehandlungen bei Nierenversagen. Im Volke stiegen die gesundheitsbezogenen Bedürfnisse und Erwartungen. Den medizinischen Leistungsanbietern ging es u. a. auch deswegen gut, weil sie die Nachfrage nach sich selbst bestimmen konnten (man nannte das dann später „selbstinduzierte Nachfrage"). Diese Entwicklung nahm ihren Lauf bis eines Tage der König mit Schrecken feststellte, dass das Versorgungsparadies so nicht mehr finanziert werden konnte. Er machte sich ernsthafte Sorgen um sein medizinisches Versorgungsparadies und berief deshalb einen Versorgungsparadies-Minister, dem er auftrug, die Finanzierungsprobleme seines Versorgungsparadieses schnellstens in Ordnung zu bringen. Der Minister erhöhte die Prämien bei den Leistungsnachfragern, in dem er u. a. eine Praxisgebühr einführte. Ein lautes Aufstöhnen ging durch das Volk, verbunden mit der Prophezeihung, die Volksgesundheit würde zugrunde gehen. Der Minister drosselte die Vergütungen der

Leistungserbringer. Bittere Klagen erhoben sich, weil die beruflichen Existenzen bedroht seien. Es herrschte große Aufruhr im medizinischen Versorgungsparadies. Wie sehr der Minister auch herumdokterte, er trat immer mindestens einer Seite auf die Füße. Am Ende sahen sich alle Beteiligten auf der Verliererseite, auch der Minister.

In seiner Verzweiflung wandte der Minister sich an seinen König. Da der König zufällig eine hübsche Tochter im heiratsfähigen Alter hatte, versprach er demjenigen, der sein medizinisches Versorgungsparadies finanziell retten würde, eben diese hübsche Königstochter samt halbem Königreich als Belohnung. Und wenn sie nicht gestorben sind, ..., leben sie heute noch mit dem gleichen, ungelösten Problem.[1]

2. Die Gesundheitspolitik verordnet eine „Effizienzkur"

Gerade weil die moderne Medizin immer mehr zu leisten vermag, scheint Deutschland sich diese Medizin nicht mehr für alle in gleicher Weise leisten zu können. Angesichts der immer weiter auseinanderklaffenden Einnahmen-Ausgaben-Lücke, die von Jahr zu Jahr wächst,[2] stellt sich für das deutsche Gesundheitssystem die zentrale Frage: Wie ist eine langfristige Finanzierbarkeit medizinischer Leistungen auf hohem Qualitätsniveau unter Beibehaltung einer solidarischen Finanzierung zu gewährleisten? Die deutsche Gesundheitspolitik ist bereits vor vielen Jahren angetreten, diese enorme Herausforderung zu meistern. Die Konturen der gegenwärtigen Gesundheitspolitik lassen sich folgendermaßen umreißen:

- >Diagnose<: Im Bereich der medizinischen Leistungserstellung ist nach Einschätzung des „Bundesministeriums für Gesundheit" (im Folgenden: BMG) das Rationalisierungspotential im deutschen Gesundheitswesen bei weitem nicht ausgeschöpft. Im BMG werden die Effizienzreserven auf ca.

---

[1] Die Kernidee, die zu diesem Märchen führte, ist nachzulesen bei Lachmann, 2006, S. 2, allerdings nicht als Märchen, sondern als knappe realistische Beschreibung der Gesundheitspolitik.

[2] In diesem Beitrag wird auf das Anführen von konkreten Daten verzichtet, weil einerseits ein breiter Konsens hinsichtlich der hier beschriebenen Entwicklung des deutschen Gesundheitssystems besteht, andererseits können die relevanten Daten bei Bedarf abgerufen werden, u. a. Stat. Bundesamt: (www.destatis.de), Bundesgesundheitsministerium: (www.bmg.bund.de), Sachverständigenrat zur Begutachtung der Entwicklung im Gesundheitswesen: (www.svr-gesundheit.de), Weltgesundheitsorganisation (WHO): (www.euro.who.int) oder Organisation für wirtschaftliche Zusammenarbeit und Entwicklung (OECD): (www.oecd.org).

20 Milliarden Euro taxiert.[3] Die Ineffizienzen stecken vor allem in den Strukturen des Gesundheitssystems. Gesundheitsministerin Schmidt benennt folgende Bereiche: Beziehungen zwischen ambulanter und stationärer sowie zwischen hausärztlicher und fachärztlicher Versorgung, das Zusammenwirken von Akut-Versorgung, Reha und Pflege, der Dualismus Kollektiv- und Individualverträge, der Bürokratismus in den Institutionen (Krankenkassen, Verbänden) sowie eine „Arzneimittelgläubigkeit in Deutschland", die dazu geführt habe, dass zwei Milliarden Euro mehr für verordnete Arzneimittel ausgegeben wurden als an Honorare für niedergelassene Ärzte.[4] Dieses erhebliche Effizienzpotential in Verbindung mit der Unfähigkeit des Gesundheitssystems, aus sich selbst heraus diese Effizienzreserven auszuschöpfen (z.B. durch Selbstverpflichtungen seitens der medizinischen Leistungsanbieter), begründet gesundheitspolitische Eingriffe in das Gesundheitssystem. Theoretisch betrachtet, stellen die ungenutzten Effizienzreserven ein „Marktversagen" dar.[5] Ziel der Gesundheitspolitik ist es daher, unter den Bedingungen des Marktversagens ein Effizienzmaximum zu realisieren, damit das Marktversagen behoben werden kann. Für die Funktionsfähigkeit des Gesundheitssystems ist daher eine gesundheitspolitische Regulierung erforderlich.

- Als >Therapie< verordnet das BMG folgerichtig, dass der Schatz ‚Effizienzreserven' gehoben wird bzw. dass das durch Effizienzmängel bedingte Marktversagen im Gesundheitssystem korrigiert wird. Das BMG verfolgt eine „Effizienzkur im Gesundheitswesen", die „weitere grundlegende Strukturverbesserungen" bringt, „die auf Qualität und Wettbewerb, Effizienz und Transparenz der Leistungsseite setzen"[6]. Diese „Effizienzkur" zielt darauf, „mehr Effizienz und Verteilungsgerechtigkeit zu erzielen".[7]

Die Wirkungszusammenhänge der „Effizienzkur" sind zweistufig organisiert: Auf der 1. Stufe steht die Realisierung von Effizienzgewinnen durch Einsatz

[3] Diese Summe entspräche nach Schätzungen einem Einsparpotential von ca. 2 Prozentpunkten beim Krankenkassenbeitrag (vgl. brand ein. Wirtschaftsmagazin, Schwerpunkt Gesundheitsmarkt, Heft 06/2006).

[4] Vgl. BMG, Rede vom 23. 05. 2006.

[5] Eine „Form des Marktversagens betrifft den Effizienzaspekt des wirtschaftlichen Wohlstands." So können in einer Volkswirtschaft „Effizienzmängel auftreten. Man sagt dann, dass die Allokationsfunktion des Marktes gestört ist" (Luckenbach, 2000, S. 131).

[6] Pressemitteilung des BMGS vom 24. 02. 2003 (Zitat Ulla Schmidt).

[7] Pressemitteilung des BMGS vom 24. 02. 2003.

gesundheitspolitischer Instrumente im Vordergrund wie z.B. das spezielle Vergütungssystem für niedergelassene Ärzte, Maßnahmen zur Eindämmung der Arzneimittelausgaben („Arzneimittelverordnungs-Wirtschaftlichkeitsgesetz"). Das Ausschöpfen von vorhandenen Rationalisierungsreserven führt unmittelbar dazu, dass mit der gleichen Geldsumme im Gesundheitssystem mehr Menschen bei gleicher Qualität medizinisch versorgt werden können als vorher. Auf der 2. Stufe geht es um die Realisierung von Verteilungsgerechtigkeit: Die Entscheidungen über die verteilungsgerechte Zuordnung von Gesundheitsleistungen hat für das BMG auf der Mikroebene ärztlicher Entscheidungen zu erfolgen. Da die Instrumente zur Effizienzverbesserung „die ökonomische Verantwortung des Arztes" stützen[8], müsse die Entscheidung, welche Behandlung für einen Menschen sinnvoll und notwendig ist, nach wie vor beim Arzt liegen. Dies ist „eine ethische Pflicht. Wenn wir das nicht beachten, spielt Ethik irgendwann keine Rolle mehr".[9] Aus beiden Stufen ergibt sich folgender Wirkungszusammenhang: Das Ausschöpfen von Rationalisierungspotentialen führt zu Effizienzsteigerungen bei der medizinischen Leistungserstellung, die zu einer verteilungsgerechten Zuordnung von Gesundheitsleistungen führt. Es geht um „mehr Effizienz **und** Verteilungsgerechtigkeit". Ökonomisch formuliert: Die Gesundheitspolitik des BMG geht von der Annahme aus, dass zwischen den Zielen „Effizienz" und „Verteilungsgerechtigkeit" eine Zielharmonie besteht: Je besser die medizinische Versorgungseffizienz, desto größer ist die verteilungsgerechte Zuordnung von Gesundheitsleistungen.

Zusammengefasst beinhaltet die „Effizienzkur" als gesundheitspolitische Strategie folgende Elemente:

1. Das durch Effizienzmängel bedingte Marktversagen im Gesundheitssystem begründet die Notwendigkeit der Gesundheitspolitik, korrigierend in das Gesundheitssystem einzugreifen.
2. Die „Effizienzkur" beinhaltet den Einsatz von Instrumenten, die nicht nur die medizinische Versorgungseffizienz steigert, sondern damit auch die verteilungsgerechtere Zuordnung notwendiger Gesundheitsleistungen[10] .
3. Die „Effizienzkur" basiert auf der Annahme der Zielharmonie zwischen „Effizienz" und „Verteilungsgerechtigkeit".

---

[8] BMG, Rede vom 23. 05. 2006.

[9] BMG, Rede vom 03. 05. 2005.

[10] Wenn im Folgenden die Formulierungen „medizinische Leistung" oder „Gesundheitsleistung" verwendet werden, dann ist stets die „notwendige" medizinische Leistung bzw. Gesundheitsleistung gemeint.

3. „Effizienzkur“ mit falscher Ätiologie[11]?

Studierende der Wirtschaftswissenschaften lernen allerdings in den ersten Semestern, dass es zwischen „Effizienz“ und „Gerechtigkeit“ einen Zielkonflikt gibt,[12] der sich in einem Trade-off ausdrückt: Effizienzverbesserungen verschlechtern die Gerechtigkeitssituation und umgekehrt: Gerechtigkeitsverbesserungen verschlechtern die Effizienzsituation. In welche Richtung dieser Trade-off auch betrachtet wird: eine gleichzeitige Verbesserung von Effizienz und Gerechtigkeit ist nicht möglich. In dieser Situation eines Zielkonfliktes muss eine Gesellschaft deshalb entscheiden: Wie viel Gerechtigkeit kann zusätzlich erreicht werden, wenn auf eine bestimmte Einheit Effizienz verzichtet wird? Und umgekehrt: Wie viel an Effizienz kann zusätzlich erreicht werden, wenn auf eine bestimmte Einheit Gerechtigkeit verzichtet wird?

Gesundheitspolitiker preisen ihre Gesundheitsreformen stets als „großen Wurf“. Angesichts der zahlreichen Versuche, das Gesundheitssystem in diesem Sinne zu reformieren, drängt sich eher der Eindruck von zaghaften und verfehlten Reformversuchen auf: Warum haben die bisherigen gesundheitspolitischen Instrumente nur geringe Wirkungsmöglichkeiten gezeigt? Meine These: Die Gesundheitspolitik kuriert deshalb an Symptomen ihrer >Finanzierungskrankheit<, weil die Annahme von der Zielharmonie zwischen Effizienz und Verteilungsgerechtigkeit für das Gesundheitssystem nicht zutrifft. Wenn die Lehrbuch-Ökonomik mit der Annahme eines Zielkonfliktes zwischen Effizienz und Gerechtigkeit Recht hat, dann muss eine Gesundheitspolitik, die auf der Annahme der Zielharmonie aufbaut, scheitern, weil die gesundheitspolitischen Instrumente zwar die Effizienz steigern, aber dadurch auch die Verteilungsgerechtigkeit verringern. Der Erfolg der „Effizienzkur“ im Gesundheitssystem hängt demnach entscheidend davon ab, ob die Annahme der Zielharmonie stimmt. Daher lauten die Erkenntnisziele dieses Beitrages:

- Ist die Annahme der Zielharmonie (empirisch) plausibel angesichts der Entwicklungen im Gesundheitssystem und der Resultate der Gesundheitspolitik?
- Ist die „Effizienzkur“ konzeptionell gerüstet, die Zielharmonie im Gesundheitssystem zu verwirklichen?

---

[11] Ätiologie = Lehre von den Krankheitsursachen.

[12] Ein „Zielkonflikt der Gesellschaft besteht zwischen Effizienz und Gerechtigkeit. *Effizienz* bedeutet, dass die Gesellschaft aus ihren knappen Ressourcen das meiste herausholt. Gerechtigkeit bedeutet, dass die Nutzungen aus jenen Ressourcen fair unter den Bürgern verteilt werden. Mit anderen Worten: Effizienz betrifft die Größe des ökonomischen Kuchens, Gleichheit die Verteilung des Kuchens. Diese beiden Ziele stehen bei staatlichen Maßnahmen zumeist im Konflikt“ (Mankiw, N. Gregory, 2004, S. 5; Hervorhebung im Original).

Insbesondere das zweite Erkenntnisziel beinhaltet eine wirtschaftsethische Fragestellung. Die moderne Wirtschaftsethik versteht sich als Antwort auf die immer lauter vorgetragene Forderung, dass wirtschaftliche Entscheidungen sich wieder stärker an moralischen Werten wie Gerechtigkeit, Solidarität und Verantwortung zu orientieren haben. Die Aufgabe der Wirtschaftsethik besteht darin, die ökonomischen und die moralisch-ethischen Anforderungen so zu integrieren, dass tragfähige Problemlösungen im Bereich menschlicher Interaktionen entwickelt werden können.[13] So auch in der Gesundheitspolitik.

4. Ist die „Effizienzkur" eine evidenzbasierte Therapie?

Die zentrale Herausforderung für die Gesundheitspolitik lautet: Wie kann mit dem vorhandenen Geld möglichst viel medizinische Leistung erbracht werden? Das BMG setzt mit der „Effizienzkur" den Hebel bei den Ausgaben an: Ein spezielles Vergütungssystem für niedergelassene Ärzte, Regulierungen des Zugangs für Ärzte auf den Markt für Gesundheitsleistungen durch regionale Bedarfsplanungen und Zuzugsperren, Höchstbeträge und Festbeträge zur Eindämmung der Arzneimittelkosten, das „Arzneimittelverordnungs-Wirtschaftlichkeitsgesetz" mit der Bonus-Malus-Regelung für Ärzte u. a. m.. Diese Instrumente sollen die ökonomische Verantwortung der Akteure im Gesundheitssystem stützen, indem diese z.B. für einen sparsameren Umgang bei der Verschreibung von Medikamenten sorgen oder eine gerechtere Bezahlung ärztlicher Leistungen ermöglichen. Auf diese Weise sollen die Geldströme im Gesundheitssystem zielgenauer gesteuert werden, um die Versorgungseffizienz insgesamt zu erhöhen. Hinsichtlich der erzielten Wirkungen dieser gesundheitspolitischen Instrumente lässt sich folgendes feststellen:

- Die realisierten Effizienzeffekte haben in quantitativer Hinsicht zusätzliche Behandlungsmöglichkeiten geschaffen. Damit haben sie auch Chancen auf eine verteilungsgerechtere Bereitstellung von Gesundheitsleistungen eröffnet. Ist mit diesem Ergebnis der Nachweis dafür erbracht, dass die Annahme von der Zielharmonie zwischen Effizienz und Verteilungsgerechtigkeit für das Gesundheitssystem zutrifft? Auf Grund der Tatsache, dass zusätzliche Behandlungsmöglichkeiten geschaffen wurden, lässt sich die Frage, ob und vor allem wie im Sinne der Verteilungsgerechtigkeit diese zusätzlichen Behandlungsmöglichkeiten genutzt werden, noch nicht beantworten. Eine Beantwortung ist erst dann möglich, wenn explizit formulierte Kriterien für die Verteilungsgerechtigkeit vorliegen, an-

[13] Diese abstrakt formulierte wirtschaftsethische Zielsetzung dürfte von den meisten Wirtschaftsethikern geteilt werden (zumindest vom Anspruch her). Die gravierenden Unterschiede zwischen den Wirtschaftsethiken zeigen sich in den unterschiedlichen Wegen zu diesem Ziel. Vgl. stellvertretend: Ulrich, 2002 und Homann/Lütge, 2005.

hand derer überprüft werden kann, ob verteilungsgerechte Zuordnungen von Gesundheitsleistungen stattfinden bzw. stattgefunden haben. Ohne diese Kriterien ist eine Aussage darüber nicht möglich. Im nächsten Abschnitt wird der Frage nachgegangen, ob die „Effizienzkur" explizite Kriterien für die Verteilungsgerechtigkeit aufweist.

- Die realisierten Effizienzeffekte sind nur temporär: Als Folge des Vergütungssystems klagen niedergelassene Ärzte (nach „abgestaffelten" Leistungspunkten) über empfindliche Einkommenseinbußen, die bis zu Existenzbedrohungen reichen.[14] Trotz Bedarfsplanungen steigen die Ärztezahlen weiter und führen, je nach Region, zu medizinischen Über-, Unter- und Fehlversorgungen. Die Umsatzeinbußen der Pharmahersteller erweisen sich ebenfalls als nur vorübergehend. Die gesamten Ausgaben für Gesundheitsleistungen konnten durch die Regulierungen im System nur für eine begrenzte Zeit gedämpft werden, d.h. die Ausgaben insgesamt sanken oder stagnierten zunächst, um anschließend ihren ursprünglichen Entwicklungstrend nach oben fortzusetzen. Die Wirkungen der eingesetzten Instrumente zeichnen ein Auf-und-ab-Muster im „Effizienzkur"-Verlauf: Das Symptom bessert sich, dann verschlechtert es sich, um sich dann wieder zu erholen usw.. In diesem Verlauf wirken die Gesundheitsreformen wie eine fortlaufende Reihe von Reparaturen, die ein hartnäckiges Problem (Effizienzreserven abbauen) nur kurzfristig verbessern. Es wird lediglich ein Symptom gemildert, das nach einer Wirkungsdauer wieder zurückkehrt und zum Teil schlimmer ist als zuvor („Verschlimmbesserung").[15] Beispiele: Wie oft wurden bereits Krankenkassenbeiträge auf Grund gesundheitspolitischer Interventionen für kurze Zeit nach unten gedrückt worden? Und wie schnell haben neue Kostenschübe die gesenkten Beiträge wieder nach oben getrieben? Wie lange werden die gegenwärtigen Preissenkungen für zahlreiche verschreibungspflichtige Arzneimittel anhalten bis die Pharmahersteller mit neuen, angeblich verbesserten, aber in jedem Fall teureren Produkten reagieren werden? Allgemein gefragt: Wie lange braucht das Gesundheitssystem, um (flexibel) auf die neuen gesundheitspolitischen Interventionen so zu reagieren, dass eben die Wirkungen dieser Interventionen mindestens neutralisiert werden? Diese Auf-und-ab-Effekte machen nachdenklich, ob das Gesundheitssystem sich so steuern lässt, wie die Gesundheitspolitik bisher glaubte. Lie-

---

[14] Horst Siebert überträgt gedanklich die Mechanik dieses speziellen Vergütungssystems auf die Bäckerbranche: Man stelle sich vor, man würde „den Bäckern ein budgetäres Plansoll dafür vorgeben, wie viel Mehl und andere Zutaten sie bei der Brotproduktion einsetzen und wie viel sie einnehmen dürfen, wobei sie erst mit zeitlicher Verzögerung erfahren, welche Einkünfte sie tatsächlich hatten" (2001, S. 159).

[15] Vgl. Senge/Kleiner/Smith/Roberts/Ross, 2004, S. 145 – 149.

fern diese Effekte nicht vielmehr Hinweise auf vertrackte Anreizstrukturen im Gesundheitssystem?[16] Im Ergebnis konnte das durch Effizienzmängel bedingte Marktversagen bisher nur partiell, weil temporär, korrigiert werden.

- Neben den temporären Einspareffekten auf der Ausgabenseite wird die „Effizienzkur" auch von „unerwünschten Rationierungseffekten"[17] bei der Bereitstellung medizinischer Leistungen begleitet. Als „Rationierung" wird ein Vorgang verstanden, „in dem weitgehend unabhängig von Zahlungsbereitschaft oder –fähigkeit der Empfänger feste Quantitäten eines wichtigen Gutes oder einer Dienstleistung in einem kollektiv finanzierten Prozess privater Verwendung markträumender Preise zugänglich gemacht werden."[18] Bei der Rationierung geht es um Entscheidungen über die Verteilung von Gesundheitsleistungen, da die Therapieentscheidung für einen Patienten gleichzeitig eine Entscheidung gegen einen anderen Patienten darstellt. Rationierungseffekte bei medizinischen Leistungen, die durch die „Effizienzkur" hervorgerufen werden, liefern Hinweise auf einen bestehenden Trade-off zwischen Effizienz und Verteilungsgerechtigkeit.

Zwischenfazit: Die Plausibilität der Zielharmonie-Annahme wird durch die Entwicklungen und Resultate im Gesundheitssystem keineswegs gestützt. Vielmehr deuten die (empirischen) Entwicklungen und Resultate auf einen bestehenden Zielkonflikt (Trade-off) zwischen Effizienz und Verteilungsgerechtigkeit hin. Für eine fundierte Kritik an der Zielharmonie-Annahme reicht diese Plausibilitätsprüfung allerdings nicht aus, so dass hierfür noch grundsätzlicher gefragt werden muss: Besitzt die „Effizienzkur" überhaupt konzeptionell die Voraussetzungen, um die Zielharmonie zu realisieren?

---

16 „Der Spiegel" charakterisiert z.B. die Ärztevereinigungen als „das Bermudadreieck des Gesundheitswesens. Alle Informationen, die für einen effizienten Mitteleinsatz nötig wären, gehen auf mysteriöse Weise verloren. Sie entscheiden, welcher Arzt einen Kassenpatienten behandeln darf. Von den Kassen erhalten sie Pauschalbeträge. Anschließend verteilen sie das Geld nach einer geheimnisvollen Formel, die sich jeder Überprüfung von außen entzieht" (Der Spiegel, 27/2006, S. 27 – 28).

17 BMG, Rede vom 23. 05. 2006.

18 Kliemt [ohne Jahr], S. 5 – 6. Begrifflich bedeutsam ist, dass „Rationierung" stets zwei Dimensionen beinhaltet: die knappheitsbedingte Vorenthaltung weiterer Quantitäten und die zuteilende Vergabe bestimmter Quantitäten zu privater Verwendung. Die Bedeutung dieser beiden Dimensionen wird im letzten Abschnitt noch einmal aufgegriffen.

5. Die Heilkraft der impliziten Rationierung

Bei der Rationierung medizinischer Leistungen wird zwischen „expliziter" und „impliziter Rationierung" unterschieden. Eine „explizite Rationierung" regelt ausdrücklich (explizit) die Entscheidung bezüglich der knappen medizinischen Gesundheitsleistungen. Mögliche Rationierungskriterien sind Kosteneffektivität, medizinischer Nutzen oder das Lebensalter. Eine (explizite) Rationierung von Gesundheitsleistungen mit verbindlichen Rationierungskriterien und –methoden wird jedoch von der Gesundheitspolitik kategorisch abgelehnt.[19] Diese Ablehnung einer expliziten Rationierung führt dazu, dass das Gesundheitssystem nur noch mit einer ungeregelten, impliziten Rationierung von Gesundheitsleistungen auf der Mikroebene ärztlicher Entscheidungen reagieren kann: Die Gesundheitsleistungen werden unter Hinweis auf Budgetreserven, Verweis auf weniger wirksame, aber preisgünstigere Medikamente, zeitliche Verschiebungen von medizinischen Maßnahmen usw. ungeregelt (implizit) vermindert. Diese implizite Form der Rationierung erfolgt im medizinischen Alltag seit Jahren als schleichende und verdeckte Rationierung. „Verdeckt", weil bei den Rationierungsentscheidungen die Transparenz und Konsistenz fehlen und „schleichend", weil Rationierungsentscheidungen nicht kommuniziert werden: „Es ist schwer, sie zu veröffentlichen und zu kommunizieren, weil sie nicht sein dürfen. Dennoch gibt es sie."[20] Damit kristallisiert sich als zentrale Frage heraus: Ist unter der Maßgabe, dass eine explizite Rationierung medizinischer Leistungen politisch abgelehnt wird, eine verteilungsgerechte Zuordnung von Gesundheitsleistungen realisierbar? Was heißt überhaupt „verteilungsgerechte Zuordnung"?

Der Gerechtigkeitsbegriff ist äußerst vielschichtig.[21] Was bedeutet „Verteilungsgerechtigkeit"? Verteilungsfragen, Verteilungskämpfe und Verteilungsempfehlungen sind nicht frei von Gerechtigkeitsvorstellungen. Eine Schwierigkeit besteht allerdings darin, dass es eine Vielzahl existierender Vorstellungen über „gerechte" Verteilungsnormen gibt, die sich nicht alle auf einen Nenner bringen lassen. Dennoch lassen sich zwei Bezugspunkte benennen, die in der Vielzahl von Vorstellungen über Verteilungsgerechtigkeit eine gewichtigere Rolle spielen:

- „Gerechtigkeit" bezieht sich in erster Linie nicht auf individuelles Handeln, sondern auf eine „gerechte" Ordnung menschlicher Beziehungen. Ein „gerechter" Mensch hat mit Sicherheit moralische Qualitäten, aber er kann für sich alleine keine **gerechte" Rahmenordnung** sicherstellen: das ist eine gesellschaftlich-politische Aufgabe. Der systematische Ort der

[19] Vgl. Abschnitt 2 („ethische Pflicht" des Arztes).

[20] Wehkamp, 2004, A 2376.

[21] Vgl. Kazmierski/Wulsdorf, 2003.

Verteilungsgerechtigkeit liegt deshalb nicht in der individuellen Handlung, sondern in der (kollektiven) Rahmenordnung (Verfassung, Gesetze u. Verordnungen), in der die Verteilungsnorm verbindlich verankert ist.

- Aus Debatten über „gerechte Einkommensverteilungen" ist bekannt, dass mehr Gerechtigkeit überwiegend in Richtung **Gleichheit**, d.h. einer gleichmäßigeren Verteilung des Einkommens gesehen wird. Die Forderung nach mehr Gleichheit kann daher als ein ethisches Postulat in der Diskussion um Verteilungsgerechtigkeit betrachtet werden.[22]

In Anwendung dieser beiden Bezugspunkte bedeutet Verteilungsgerechtigkeit im Gesundheitssystem folgendes: Gesundheitsleistungen werden nur dann von der Solidargemeinschaft finanziert, wenn sie allen Versicherten im Bedarfsfall zur Verfügung stehen (Postulat der Gleichheit). Die Regeln und Kriterien für diese Zuteilung medizinischer Leistungen sind in der Rahmenordnung des Gesundheitssystems verankert. Mit diesem anwendungsbezogenen Begriff von Verteilungsgerechtigkeit stellt sich an dieser Stelle die Frage: Kann eine implizite Rationierung von Gesundheitsleistungen zu einer Verteilungsgerechtigkeit im Gesundheitssystem führen?

Bei der Beantwortung erweisen sich die beiden Bezugspunkte der Verteilungsgerechtigkeit als kritisch für die implizite Rationierung:

- Bei der impliziten Rationierung werden die Rationierungsentscheidungen auf der Mikroebene an die Ärzte delegiert. Die angewandten Rationierungskriterien dürften erfahrungsgemäß von Arzt zu Arzt variieren. In der Praxis zeigt sich, dass gleiche Fälle verschieden gehandhabt werden. Es ist davon auszugehen, dass gleiche bzw. vergleichbare Krankheitsfälle in zeitlich und räumlich verschiedenen Behandlungssituationen unterschiedlich therapiert werden, weil in der einen konkreten Behandlungssituation ein teureres, aber weniger belastendes therapeutisches Verfahren eingesetzt wird, während in einer anderen Behandlungssituation dieses therapeutische Verfahren gerade aus Kostengründen nicht zum Einsatz kommt. Es ist daher unwahrscheinlich anzunehmen, dass sich aus der Vielzahl dezentraler, aber unterschiedlicher ärztlicher Rationierungsentscheidungen eine Gleichheit im Sinne einer Gleichbehandlung aller Personen in der Solidargemeinschaft ergeben wird. Ein in diese Richtung verlaufender, sich selbst organisierender Gleichheits-Prozess ist nicht erkennbar und ist auch nicht zu erwarten. Ohne verbindliche Rationierungskriterien und –methoden wird sich keine Gleichheit im Gesundheitssystem einstellen.

---

[22] Vgl. Rothschild, 1992, S. 83 – 86.

- Wenn der systematische Ort der Verteilungsgerechtigkeit in der Rahmenordnung des Gesundheitssystems zu verorten ist, dann lässt sich das Ziel Verteilungsgerechtigkeit nicht auf die Ebene ärztlichen Handelns delegieren. Da es auf der Makroebene keine verbindlichen Rationierungskriterien und –methoden für Ärzte gibt, die klar und transparent die Zuteilung von Gesundheitsleistungen regeln, bleiben notwendigerweise die Grundlagen der (impliziten) ärztlichen Entscheidungen im Dunkeln. Des weiteren sind in dieser Situation Einschätzungen darüber, ob die getroffenen Rationierungsentscheidungen auf der Mikroebene mit Postulaten der Verteilungsgerechtigkeit (z.B. Gleichheit) konform laufen und ob diese überhaupt gesellschaftlich gewollt sind, überhaupt nicht möglich. [23]

Als Ergebnis lässt sich festhalten: Die implizite Rationierung kann aus sich selbst heraus zu keiner Verteilungsgerechtigkeit führen. Hierzu fehlen im Gesundheitssystem die institutionellen Voraussetzungen. Da dies im Kontext der impliziten Rationierung keine Bedeutung besitzt, verfügt die implizite Rationierung nicht über die notwendigen konzeptionellen Voraussetzungen, um eine Zielharmonie realisieren zu können. Die Zielharmonie-Annahme erweist sich damit als ungeeignetes Fundament für die „Effizienzkur". Die „Effizienzkur" kann als gesundheitspolitische Strategie, gemessen an ihren Zielen („mehr Effizienz und Verteilungsgerechtigkeit"), diese Ziele nicht erreichen. Gestützt wird diese Schlussfolgerung auch durch die fehlende (empirische) Plausibilität der Zielharmonie-Annahme. Die Verteilungsgerechtigkeit ergibt sich nicht automatisch aus der Verbesserung der medizinischen Versorgungseffizienz, wie bei der „Effizienzkur" angenommen wird, sondern sie verkümmert unter der Zielharmonie-Annahme zur Bedeutungslosigkeit.

6. Und wenn sie nicht gestorben sind …

dann stehen der König und sein Versorgungsparadies-Minister vor der Entscheidung, ob sie „Strategie 1" oder „Strategie 2" wählen sollten. Die „Strategie 1" empfiehlt, weiterhin auf einen Prinzen zu warten. Damit ließe sich die Illusion der Zielharmonie vom medizinischen Versorgungsparadies aufrechterhalten. Möglicherweise vermag ein Prinz, wenn er denn kommt, für dauerhafte und langfristige Effizienzgewinne zu sorgen, deren Gesundheitsleistungen er dann verteilungsgerecht zuordnet. Wenn der ersehnte Prinz jedoch nicht kommt, dann bleibt das frühere medizinische Versorgungsparadies gekennzeichnet durch

- temporäre Effizienzgewinne bei der Bereitstellung medizinischer Leistungen, ohne dass eine verteilungsgerechte Zuordnung von Gesundheits-

[23] Vgl. Kazmierski, 2006, S. 10 - 11.

leistungen möglich sein wird. Das durch Effizienzmängel bedingte Marktversagen kann bestenfalls partiell korrigiert werden;

- eine fehlende Differenzierung nach Effizienz- und Gerechtigkeitsgesichtspunkten bei der Bewertung von gesundheitspolitischen Maßnahmen, weil, vom Standpunkt der Zielharmonie aus betrachtet, der Blick für den Trade-off zwischen Effizienz und Verteilungsgerechtigkeit systematisch versperrt bleibt. Deshalb gibt es auch keine Notwendigkeit, über eine Optimierung des Trade-offs nachzudenken. Die bisherigen Gesundheitsreformen haben deshalb zu kurz gegriffen, weil die Gesundheitspolitik die Optimierung des Systems den Akteuren selbst überlassen hat, die daraufhin ihre Systembereiche gemäß ihrer bereichsbezogenen Rationalität (erfolgreich) optimiert haben;
- fortgesetzte Fehleinschätzungen bezüglich der Funktionsweise des Gesundheitssystems: Die Komplexität des Gesundheitssystems mit seinen vertrackten Anreizstrukturen wird weiterhin nicht hinreichend erfasst werden, so dass nicht-intendierte Nebenwirkungen von gesundheitspolitischen Interventionen eine größere Bedeutung erhalten können als die ursprünglich intendierten Wirkungen (Auf-und-ab-Effekte mit der „Verschlimmbesserung“).

Die Aussichten, die immer weiter auseinanderklaffende Einnahmen-Ausgaben-Lücke zu schließen, in dem eine langfristige Finanzierbarkeit medizinischer Leistungen auf hohem Qualitätsniveau unter Beibehaltung des Solidarprinzips gewährleistet werden kann, sind bei der „Strategie 1“ nicht sehr verheißungsvoll. Sollte der ersehnte Prinz also nicht kommen, dann dürfte das gesamte Volk um das untergegangene medizinische Versorgungsparadies trauern. Jeder wird sich weiterhin als Verlierer von künftigen Gesundheitsreformen fühlen und über den „Reparaturdienst“[24] der königlichen Gesundheitspolitik enttäuscht zeigen.

Bei der „Strategie 2“ muten der König und sein Versorgungsparadies-Minister dem Volk zwar nicht das Küssen von Fröschen zu, aber durchaus das Schlucken einiger Kröten. Eine dieser >Kröten< ist, dass die Verantwortung für Gesundheit und Krankheit im Sinne des Subsidaritätsprinzips nicht mehr an die Gesundheitspolitik oder die Solidargemeinschaft delegierbar ist. Hierzu gehört, dass die Annahme des Zielkonfliktes mit seinem Trade-off zwischen Effizienz und Verteilungsgerechtigkeit als konzeptionelles Fundament in der Gesundheitspolitik verankert wird. Eine nachhaltige Gesundheitspolitik wird es sich zur Aufgabe machen, diesen Trade-off zu optimieren. Folgende Aspekte sind hier von Bedeutung:

---

[24] Zum „Reparaturdienstverhalten“ und seinen Folgen vgl. Dörner, 2001, S. 87 – 97.

- Der Konflikt zwischen Effizienz und Verteilungsgerechtigkeit kann nicht einseitig theoretisch entschieden werden, sondern stellt ein ethisch-politisches Entscheidungsproblem dar.[25] Um dieses Entscheidungsproblem zu lösen, bedarf es einer dringend notwendigen, öffentlichen Debatte über Möglichkeiten und Notwendigkeiten von Rationierungsmethoden und -kriterien. In dieser Debatte würden verteilungsgerechte Methoden und Kriterien bestimmt, die a) demokratisch legitimiert wären, b) die den Freiraum für Partikularinteressen einengen und die c) transparent und nachvollziehbar wären. Eine Gesundheitspolitik, die die Verteilungsgerechtigkeit als ein zentrales Ziele ernsthaft verfolgt, wäre in der Pflicht, eine entsprechende öffentliche Debatte um dieses ethisch-politische Entscheidungsproblem zu organisieren. Sie wäre aber auch in der Verantwortung, weil sie mit einer „Effizienzkur" auf medizinische Ressourcenentscheidungen beträchtlich Einfluss nimmt.
- „Rationierung" beinhaltet stets zwei Dimensionen: zum einen die knappheitsbedingte Vorenthaltung weiterer Quantitäten, zum anderen die zuteilende Vergabe bestimmter Quantitäten zu privater Verwendung. Rationieren hat „in diesem Sinne mehr mit Geben als mit Vorenthalten zu tun. Wenn man das akzeptiert, dann ist es ein kleiner Schritt zu der Einsicht, dass der latente Illegitimitätsverdacht gegenüber Rationierungen medizinischer Versorgung nicht mehr automatisch transportiert" werde.[26] Dieses erweiterte Verständnis durch das „Geben" lässt erwarten, dass die allgemeine Akzeptanz für die explizite Rationierungsform zunehmen wird.

Ein optimierter Trade-off zwischen Effizienz und Verteilungsgerechtigkeit mit einer institutionellen Verankerung der expliziten Rationierung hätte auf der Mikroebene des Gesundheitssystems zur Folge, dass

- ein transparentes Vergütungssystem für Ärzte dafür sorgt, dass der Ehrliche nicht weiter der Dumme ist;
- eine Fairness durch (verteilungsgerechte) Gleichbehandlung der Patienten verwirklicht werden kann, die das Arzt-Patienten-Verhältnis nachhaltig entlastet und dass
- eine Stärkung der Eigenverantwortlichkeit erfolgt, indem die Versicherten einer Solidargemeinschaft auch für die Folgen ihrer eigenen Lebensführung in die Pflicht genommen werden.

---

[25] Vgl. Rothschild, 1992, S. 85.

[26] Kliemt, [ohne Jahr], S. 6.

Dieses veränderte Gesundheitssystem wäre zwar kein medizinisches Versorgungsparadies früherer Jahre, aber es wäre ein nach Effizienz und Verteilungsgerechtigkeit optimierteres Gesundheitssystem. Die „Strategie 2" würde von allen im Volke Veränderungen abverlangen. Dafür behielte das Volk eine solidarisch finanzierte Gesundheitsversorgung auf hohem Niveau und … die Hoffnung auf eine Liebesheirat der Königstochter.

Literatur:

BMGS (Bundesministerium für Gesundheit und Soziales): Pressemitteilung (v. 24. 02. 2003): Sachverständigenrat für die Konzertierte Aktion im Gesundheitswesen übergibt Gutachten 2003 an Bundesgesundheitsministerin Ulla Schmidt; Quelle: www.bmg.bund.de/cln_041/nn_600186/DE/PRESSE/Pressemitteilungen/Archiv/Presse-BMGS-4-2003/PM-24-02-2003-2798,param=.html (14. 07. 2006).

BMG (Bundesministerium für Gesundheit): Rede von Ulla Schmidt anlässlich des 108. Deutschen Ärztetages in Berlin (v. 03. 05. 2005); Quelle: www.bmg.bund.de/cln_041/nn_604192/DE/PRESSE/Reden-BMGS/Rede-03-05-2005-7268,param=.hmtl (14. 07. 2006).

BMG: Rede von Ulla Schmidt anlässlich des 109. Deutschen Ärztetages in Magdeburg (v. 23. 05. 2006); Quelle: www.bmg.bund.de/cln_040/nn_604192/DE/Presse/Reden/Reden-BMGS/Rede-23-05-06,param=.html (16. 07. 2006).

Dörner, Dietrich: Die Logik des Misslingens. Strategisches Denken in komplexen Situationen, 14. Auflage, Reinbek bei Hamburg 2001.

Homann, Karl/Lütge, Christoph: Einführung in die Wirtschaftsethik, 2., korrigierte Auflage, Münster 2005.

Kazmierski, Ulrich: Ärztliches Handeln aus wirtschaftsethischer Sicht; in: Westfälisches Ärzteblatt 4/2006, S. 9 – 11.

Kazmierski, Ulrich/Wulsdorf, Helge: Gerechtigkeit als unbedingter Grundsatz der Gesellschaftsgestaltung; in: Erwägen – Wissen – Ethik 14, Heft 2, 2003, S. 265 – 268.

Kliemt, Hartmut: Medizinische Rationierung und Versorgungswettbewerb im Rechtsstaat. Quelle: www.uni-duisburg.de/FB1/PHILO/index/medizinischeRationierung.PDF (10. 07. 2006)

Lachmann, Werner: Ethikversagen als Ursache von Wirtschaftskrisen?, Quelle: www.wirtschaftundethik.de/ethikversagen_als_ursache_von_.HTM (18. 07. 2006).

Luckenbach, Helga: Theoretische Grundlagen der Wirtschaftspolitik, 2., überarbeitete und erweiterte Auflage, München 2000.

Mankiw, N. Gregory: Grundzüge der Volkswirtschaftslehre, 3., überarbeitete Auflage, Stuttgart 2004.

Rothschild, Kurt W.: Ethik und Wirtschaftstheorie, Tübingen 1992.

Senge, Peter M./Kleiner, Art/Smith, Bryan/Roberts, Charlotte/Ross, Richard: Das Fieldbook zur Fünften Disziplin, 5. Auflage, Stuttgart 2004.

Siebert, Horst: Der Kobra-Effekt. Wie man Irrwege der Wirtschaftspolitik vermeidet, Darmstadt 2001.

Ulrich, Peter: Der entzauberte Markt. Eine wirtschaftsethische Orientierung, Freiburg/Basel/Wien 2002.

Wehkamp, Karl H.: Ethik der Heilberufe. Brücke zwischen Qualität und Ökonomie; in: Deutsches Ärzteblatt, Jg. 101, 2004, Heft 36, S. A2374-2378.

Oliver Sievering

Flat tax - ein ungerechtes Steuermodell?

Einleitung

Das deutsche Ertragsteuersystem befindet sich in einer erheblichen Akzeptanzkrise.[1] Prinzipien wie Besteuerung nach der Leistungsfähigkeit, der Widerspruchsfreiheit oder der Gleichheit im Vollzug werden durch zahlreiche - politisch gewollte und historisch gewachsene - Lenkungs- oder Sondernormen durchbrochen. Aufgrund der vielen Vorschriften gilt das deutsche Steuerrecht nicht nur als unverständlich[2] und äußerst kompliziert, es gilt auch als zu teuer. Die Steuersätze werden als Manko für die internationale Wettbewerbsfähigkeit der deutschen Wirtschaft gesehen. Sorgen bereitet die in den vergangenen Jahren zu beobachtende Neigung vieler Unternehmen, ihre Produktion ins Ausland zu verlagern. Neben hohen Arbeitskosten wird auch die vergleichsweise hohe Steuerbelastung der in Deutschland erzielten Gewinne dafür verantwortlich gemacht. Deshalb, so wird von vielen Seiten gefordert, müsse die Steuerlast reduziert werden. Dies gelte insbesondere vor dem Hintergrund der Erweiterung der Europäischen Union. Die Öffnung der Märkte durch die Einbeziehung der osteuropäischen Staaten in die Europäische Union wird von vielen nicht als Chance, sondern eher als Bedrohung für die heimische Wirtschaft und die Arbeitsplätze betrachtet. Es wird befürchtet, dass der zu beobachtende Trend der Produktionsverlagerung weiter anhält, denn eine Vielzahl von Ländern, insbesondere osteuropäische Staaten, haben in den vergangenen Jahren ihre Unternehmenssteuern massiv gesenkt. Dies verleitet die Unternehmen nicht nur dazu, ihre mobilen Faktoren, sondern verstärkt auch ihre Gewinne ins Ausland zu verlagern, wodurch die Steuereinnahmen für den Staat sinken und sich die akute Haushaltslage der deutschen Gebietskörperschaften weiter verschärft.

---

[1] Riedel, D.: (2006) S. 13.

[2] Als Beispiel sei § 34 Abs. 1 Satz 2 Einkommensteuergesetz angeführt, welches die Besteuerung außerordentlicher Einkünfte regelt: „Die für die außerordentlichen Einkünfte anzusetzende Einkommensteuer beträgt das Fünffache des Unterschiedsbetrags zwischen der Einkommensteuer für das um diese Einkünfte verminderte zu versteuernde Einkommen (verbleibendes zu versteuernde Einkommen) und der Einkommensteuer für das verbleibende zu versteuernde Einkommen zuzüglich eines Fünftels dieser Einkünfte. Ist das verbleibende zu versteuernde Einkommen negativ und das zu versteuernde Einkommen positiv, so beträgt die Einkommensteuer das Fünffache der auf ein Fünftel des zu versteuernden Einkommens entfallenden Einkommensteuer."

Steuer- und Abgabenquote

Als ein möglicher Indikator zur Messung der Steuerbelastung in einer Volkswirtschaft kann die Steuerquote, gemessen als Steuern in Prozent des Bruttoinlandsproduktes, herangezogen werden. Der internationale Vergleich zeigt, dass die deutsche Steuerquote mit 20,4 % (vgl. Übersicht 1) einen recht niedrigen Wert aufweist. Insbesondere die skandinavischen Länder weisen eine signifikant höhere Steuerquote auf (Dänemark: 48,4 %, Norwegen: 35,2 %, Schweden 36,2 %, Finnland 32,4 %). Allerdings ist ein solcher Vergleich wenig aussagekräftig, denn einige Länder finanzieren ihre Sozialversicherungssysteme über allgemeine Haushaltsmittel und damit über Steuern, während andere Länder ihre staatlichen Sozialversicherungssysteme in unterschiedlichem Maße über eigenständige Beiträge finanzieren, die nicht in der Steuerquote enthalten sind. Daher erscheint ein Vergleich der Abgabenquoten, definiert als Belastung einer Volkswirtschaft mit Steuern und Beiträgen zur Sozialversicherung, aussagekräftiger zu sein. Eine solche Gegenüberstellung zeigt (vgl. Übersicht 1), dass die skandinavischen Länder nicht nur hohe Steuerquoten, sondern auch hohe Abgabenquoten aufweisen (Dänemark: 49,6 %, Schweden: 50,7 %, Norwegen: 44,9 %, Finnland: 44,3 %), während sie in den angelsächsischen Ländern wie den USA (25,4 %) und Irland (30,2 %) wesentlich niedriger sind. Mit einer Abgabenquote von 34,6 % nimmt Deutschland eine mittlere Position ein, weshalb anhand dieser Quoten eine Notwendigkeit genereller Steuersenkungen für Deutschland nicht abgeleitet werden kann.[3] Die Abgabenquote misst lediglich den Anteil der Steuern und Sozialabgaben am Bruttoinlandsprodukt, wer aber die Steuern bzw. Sozialabgaben zahlt, wie stark Spitzen- und Durchschnittsverdiener, Arbeitnehmer und Unternehmer belastet werden, ob privater Verbrauch oder Einkommen stärker besteuert werden, kann diesen Quoten nicht entnommen werden.

Belastung von Arbeitnehmern

Übersicht 2 zeigt die Belastung von Arbeitnehmern mit Einkommen- bzw. Lohnsteuer und Sozialabgaben. Ein solcher Vergleich hängt stark von den Prämissen und der Vergleichsmethode ab, ob bspw. das Kindergeld mit der Steuerschuld verrechnet wird oder ob die Sozialausgaben durch Steuern finanziert

[3] Mit seinem Hinweis, dass sich mit der gegenwärtigen Steuerquote von rund 20 % kein moderner Sozialstaat finanzieren lasse, hat der SPD-Vorsitzende Kurt Beck im Frühling des Jahres 2006 eine neue Debatte über Rolle und Grenzen des Staates ausgelöst. Die einen glauben, der Staat sei finanziell so ausgezehrt, dass er seine Aufgaben nicht erfüllen könne. Andere vertreten die Auffassung, der Staat nehme einen zu breiten Raum ein und müsse sparen, damit die Wirtschaft mehr Dynamik entfallen könne.

werden. Die OECD veröffentlicht regelmäßig Abgabebelastungen für Arbeitnehmer in verschiedenen Einkommensgruppen und alternativen Familienverhältnissen. Je nach individueller Situation gelangt man für die Arbeitnehmer in den jeweiligen Ländern zu recht unterschiedlichen Ergebnissen. So beträgt die Belastung eines alleinstehenden Durchschnittsverdieners in Deutschland, der kein Kind hat, 40,5 % des Bruttoarbeitslohnes. Nur in Dänemark ist die Belastung mit 41,2 % noch höher. Anders verhält es sich bei der Betrachtung eines verheirateten Alleinverdieners mit zwei Kindern, der ein Durchschnittseinkommen erzielt. Hier beträgt die Belastung 18,1 %, die im internationalen Vergleich einen durchschnittlichen Wert darstellt. Ein Verheirateter mit zwei Kindern, der ein Durchschnittseinkommen erzielt und ferner unterstellt sei, dass eine weitere Person 33 % eines Durchschnittseinkommens zusätzlich zum Haushaltseinkommen beisteuert, hat eine Belastung von 25,5 %. Auch hier sind es wiederum überwiegend skandinavische Länder, die die höchsten Belastungsquoten aufweisen (Dänemark 39,0 %, Belgien 30,1 %, Schweden 29,5 %). Die niedrigsten Belastungen für diesen Typus sind in Irland (9,7 %) und in der Slowakei (9,4 %) zu finden.

Nominale Ertragsteuerbelastung natürlicher Personen

Übersicht 3 zeigt einen Vergleich der nominalen Ertragssteuerbelastung natürlicher Personen und enthält sowohl die Eingangssteuersätze als auch die Spitzensteuersätze in verschiedenen Ländern, die zur Analyse von Personenunternehmen bzw. Einzelunternehmen herangezogen werden können. Deutschland nimmt mit 44,3 % (42 % Spitzensteuersatz sowie der Berücksichtigung des Solidaritätszuschlages in Höhe von 5,5 %) einen mittleren Platz ein. Der Spitzensteuersatz wird aber von kaum einem Einzelunternehmen bzw. kaum einer Personengesellschaft erreicht. Gemäß Informationen des Bundesfinanzministeriums tragen in Deutschland 96,6 % der Einzelunternehmen eine Steuerlast von bis zu 30 %. Knapp 97 % der Personengesellschaft tragen eine Steuerlast von unter 38,65 %.[4]

Die osteuropäischen EU-Länder haben die geringsten nominalen Steuersätze, während die skandinavischen Länder mit zum Teil weit über 50 % die höchsten Steuersätze aufweisen. Ohne Kenntnisse der Bemessungsgrundlage lässt sich aber keine konkrete Aussage über die Steuerbelastung treffen. Die nationalen Steuersysteme sind sehr unterschiedlich ausgestaltet, was die tariflichen Eingangssätze, sonstigen Zuschläge und persönlichen Entlastungen, Grundfreibeträge oder bspw. die Ausgestaltung des Ehegattensplittings betrifft. Auffällig sind die vergleichsweise hohen Tarifeingangssätze in den skandinavischen Län-

[4] Und damit unterhalb der Definitivbelastung der Kapitalgesellschaften. Vgl. Übersicht 4.

dern, die häufig schon bei mittleren Einkommen einsetzen.[5] Damit werden die Beiträge zur gesetzlichen Sozialversicherung abgedeckt. Die meisten Länder weisen einen progressiven Tarifverlauf auf, bei der der (Grenz-)Steuersatz mit steigendem Einkommen zunimmt. Mehrere neue EU-Staaten hingegen haben einen Einheitstarif, d. h. einen Tarif mit einem Proportionalsatz, so z.B. Estland, Lettland, Litauen und die Slowakei.

Belastung der Kapitalgesellschaften

Um die Steuerbelastung von Kapitalgesellschaften im internationalen Vergleich darzustellen, können (wiederum) zunächst die nominalen Steuersätze als Belastungsindikatoren herangezogen werden. Zwar weist der Körperschaftsteuersatz in Höhe von 25 % international betrachtet eine durchschnittliche Höhe auf (vgl. Übersicht 5), allerdings werden in einigen Ländern noch lokale Steuern bzw. Zuschläge erhoben, die gerade in Deutschland recht hoch sind. Unter Berücksichtigung des Solidaritätszuschlages in Höhe von 5,5 % und der Gewerbesteuer von 16,67 % (bei Unterstellung eines Hebesatzes von 400 %) beträgt die nominale Belastung der Kapitalgesellschaften 38,65 %. Unter Berücksichtigung dieser weiteren Belastung weist Deutschland die im EU-Vergleich höchste steuerliche Belastung auf.

Die nominalen Tarifvergleiche vernachlässigen nationale Gestaltungsspielräume der steuerlichen Gewinnermittlung. Die Regelungen zur Bemessungsgrundlage werden völlig ausgeblendet. Gleichwohl werden Standort- und Investitionsentscheidungen nach Auffassung von Experten ganz entscheidend auch durch die Höhe der nominalen Tarifsätze beeinflusst, da ihnen eine gewisse Signalfunktion zugesprochen wird. Bei der steuerlichen Belastung von Investitionen kommt es nicht allein auf die tariflichen Steuersätze an, sondern auch auf die Vorschriften zur Ermittlung des steuerpflichtigen Gewinns, denn tarifliche Steuersätze ohne gleichzeitige Angaben über die steuerrechtliche Definition der jeweiligen Bemessungsgrundlage sind wenig aussagekräftig. Sehr viel aussagefähiger sind effektive Steuersätze, die sich sowohl aus der Steuerbemessungsgrundlage als auch aus dem Steuersatz berechnen und sich als Standortindikatoren eignen. Für internationale Vergleiche werden effektive Steuersätze anhand modellhafter Berechnungen der Steuerbelastung eines hypothetischen, standardisierten Investitionsprojektes ermittelt.[6] In Abhängigkeit von unterstellten Vorsteuerrenditen werden effektive Durchschnitts- und Grenzsteuerbelastungen unterschieden.

---

[5] Vgl. Bundesministerium der Finanzen (2005), S. 23 ff.

[6] Eine Übersicht über die unterschiedlichen Methoden zur Messung der Steuerbelastung im internationalen Vergleich siehe: Spengel, C. / Lammersen, L. (2001).

Die effektive Grenzsteuerbelastung drückt die effektive Steuerbelastung einer Grenzinvestition aus, die einen Kapitalwert von Null aufweist und aus ökonomischer Sicht gerade noch sinnvoll ist.[7] Ein Investitionsprojekt, dessen Ertragswert nach Steuern gerade der Anschaffungszahlung entspricht, stellt die Grenze profitabler Investitionen des Unternehmens dar. Je geringer die effektive Grenzsteuerbelastung, umso höher liegt das optimale Investitionsvolumen. Je höher hingegen die effektiven Grenzsteuersätze, desto höher sind die Kapitalnutzungskosten und desto weniger lohnt es sich für Unternehmen, zusätzliche Investitionen zu tätigen.

Die effektive Durchschnittsteuerbelastung unterstellt ein rentables Investitionsprojekt und gibt an, um wie viel Prozent die Rendite dieser rentablen Investition durch Steuern gemindert wird. Sie ist daher ein relevantes Kriterium bei Standortentscheidungen. Der effektive Durchschnittssteuersatz liefert Informationen über die Entscheidungswirkungen der Besteuerung, wenn rentable Alternativen zur Auswahl stehen.

Die Ergebnisse[8] zeigen deutliche Unterschiede der für die Standortentscheidung relevanten effektiven Durchschnittssteuerbelastung zwischen den einzelnen Ländern. Insgesamt weisen neben Irland (14,7 %) insbesondere die neuen EU-Mitgliedsstaaten in Osteuropa (Litauen: 12,8 %; Lettland: 14,4 %) sehr geringe Werte auf und gelten als steuerlich attraktive Standorte. Die effektive Durchschnittssteuerlast aller EU-Staaten liegt bei 24,7 %, die der 15 alten EU-Staaten Westeuropas bei 28,5 %. Mit einem Wert von 36,0 % weist Deutschland (nach Spanien mit 36,1 %) die zweithöchste effektive Durchschnittssteuerbelastung auf. Auch die effektive Grenzsteuerbelastung ist in Deutschland mit 30,0 % im Vergleich zu anderen EU-Staaten sehr hoch. Nur in Frankreich ist die Belastung mit 34,7 % noch höher. Die steuerlichen Standortbedingungen für Kapitalgesellschaften sind damit in kaum einem anderen Mitgliedsstaat der EU so unattraktiv

---

[7] Vgl. Elschner, E. / Overesch, M. (2006), S. 1017 f.

[8] Siehe Übersicht 6. Die Belastungsrechnungen sind auf die Rechtsform der Kapitalgesellschaft beschränkt. Zudem wird nur die Ebene des Unternehmens berücksichtigt, die persönlichen Steuern der Anteilseigner werden hier nicht betrachtet. Die Berechnungsergebnisse geben somit vorrangig Auskunft über die steuerlichen Investitions- und Standortbedingungen aus der Sicht multinationaler Investoren. Um Aussagen über die Gesamtbelastung der an die Anteilseigner ausgeschütteten Gewinne treffen zu können, reicht es aber nicht aus, die Steuersätze für die Unternehmensgewinne zu betrachten. Es muss auch die Anteilseignerbesteuerung berücksichtigt werden. So beträgt etwa die nominale Steuerbelastung von Kapitalgesellschaften in Irland nur 12,5 %, in Portugal 25 % und in Deutschland mit 38,65 % mehr als das Dreifache. In Irland aber ist die an den Anteilseigner ausgeschüttete Dividende aber in voller Höhe einkommensteuerpflichtig, in Portugal und in Deutschland hingegen nur die Hälfte der Dividende. Vgl. Bundesministerium der Finanzen (2005) S. 11 ff.

wie in Deutschland.[9] Deutschlands Position im europäischen Steuerwettbewerb hat sich in den vergangenen Jahren verschärft, da Länder wie Österreich, Dänemark und die Niederlande ihre Unternehmenssteuern zum Teil deutlich gesenkt haben. Natürlich gilt zu bedenken, dass die steuerliche Belastung[10] nur ein, wenn auch wichtiger, Standortfaktor ist.[11] Die im Vergleich zu anderen Ländern sehr hohen effektiven marginalen und durchschnittlichen Belastungen und die daraus resultierenden negativen Wirkungen auf die für das wirtschaftliche Wachstum und Beschäftigung wichtige Investitionstätigkeit sind ein wesentlicher Grund, warum der Sachverständigenrat eine grundlegende Reform der Unternehmensbesteuerung für eine der dringendsten Aufgaben der Bundesregierung hält.[12] Eine Senkung der effektiven Steuersätze würde die steuerliche Standortattraktivität verbessern und gleichzeitig den Anreiz zur Verlagerung des Gewinnausweises in steuerlich lukrativere Länder vermindern.[13]

Mangelnde Effizienz des Steuersystems

Wirtschaftliches Wachstum hängt nicht nur vom Niveau der Kapitalbildung ab, das durch die Steuerbelastung beeinflusst wird, sondern auch von der Effizienz des Kapitaleinsatzes. Zu Verzerrungen bei Kapitaleinsatzentscheidungen kommt es, wenn die Finanzierung von Investitionen steuerlich unterschiedlich behandelt

---

[9] Allerdings weisen die effektiven Steuersätze auch einige Probleme auf. So lassen sich nicht alle relevanten Aspekte der steuerlichen Gewinnermittlung erfassen. Insbesondere finden überperiodische Verlustausgleichsvorschriften keine Berücksichtigung, die in den neuen EU-Mitgliedstaat aber auch in Österreich im Vergleich zu Deutschland restriktiver sind. Den in Deutschland bekannten Verlustrücktrag kennen viele Länder nicht, auch ist der Verlustvortrag in den EU-Staaten häufig zeitlich begrenzt. Häufig werden nur die ertragsabhängigen und den Faktor Kapital direkt belastenden Steuern bei der Ermittlung der effektiven Durchschnittssteuersätze berücksichtigt, andere Steuern, etwa die Lohnsummensteuer, die in einigen Ländern erhoben wird, bleiben bei den internationale Vergleichen außen vor. Sie können dann eine Rolle spielen, wenn Preise nicht überwälzt werden können. Effektive Steuerbelastungen die zumindest wesentlichen Aspekte in dieser Hinsicht berücksichtigen, sind nur schwer zu erstellen. Meist ist dies nur für den einzelnen Fall d.h. nur anhand von Modellberechnungen möglich. Vgl. Bundesministerium der Finanzen (2005) S. 11.

[10] Es sei darauf hingewiesen, dass nur wenige aussagekräftige Statistiken über die tatsächliche Steuerbelastung im Unternehmensbereich existieren.

[11] Insbesondere verweisen Unternehmen auf geringere Arbeitskosten, die gerade auch in den neuen osteuropäischen EU-Staaten (und nicht nur dort) eine wesentliche Rolle hinsichtlich der Standortentscheidung spielt.

[12] Vgl. Sachverständigenrat (2005) S. 263 ff.

[13] Es sei darauf hingewiesen, dass internationale Vergleiche äußerst schwierig vorzunehmen oder begrenzt aussagefähig sind. Für die Einordnung Deutschlands im internationalen Steuerwettbewerb können die Übersichten trotzdem Hinweise geben.

wird, was für Deutschland zutrifft. Je nach Rechtsform der Unternehmen werden die Gewinne unterschiedlich besteuert. Eine innere Logik für diese unterschiedliche Behandlung lässt sich nicht erkennen. Einigkeit herrscht darin, dass das Steuerrecht insgesamt zu kompliziert und intransparent ist und es an einer klaren Linie mangelt. Die hohe Regelungs- und Bürokratiedichte manifestiert sich in einer steigenden Gesetzes- und Verordnungsflut, die zu undurchsichtigen Vorschriften und unklaren Regelungen führen, die häufig unterschiedlich interpretiert werden. Das Steuerrecht ist so komplex geworden, dass der Steuerzahler es nicht mehr überschaut.[14] Auch Experten haben Probleme, die Flut an Gesetzen und Verordnungen noch zu überblicken. Die Bundesrepublik Deutschland belegt im internationalen Vergleich hinsichtlich der Kategorie „Effizienz des Steuersystems" den letzten von 102 Plätzen - hinter Haiti, Angola und Burkina Faso.[15] Auch wenn solche Vergleiche immer mit Vorsicht zu interpretieren sind, so lässt sich nicht leugnen, dass das deutsche Steuerrecht aufgrund seiner enorm hohen Regelungsdichte zu kompliziert ist, um noch als effizient zu gelten. Die Komplexität des deutschen Steuersystems drückt sich auch in den hohen zusätzlichen Lasten für die Verwaltung und für die Bürger aus.

Kosten der Besteuerung

Zur Erhebung, Verwaltung und Kontrolle der Steuern muss der Staat Ressourcen aufbringen (Finanzbehörden, Steuerfahndung), die als Erhebungs- bzw. als Verwaltungskosten bezeichnet werden und aus dem Steueraufkommen finanziert werden. Die umfangreichen Gesetze und Verwaltungsvorschriften erfordern einen hohen Kontrollaufwand und reduzieren die (Netto-)Einnahmen des Staates. In einer Studie des Rheinisch-Westfälischen Instituts für Wirtschaftsforschung (RWI) sind die Verwaltungskosten für verschiedene Steuern erhoben worden. Sie betragen 1,6 % der untersuchten Steuereinnahmen.[16] Auch auf Seiten der Steuerzahler entstehen Kosten. Neben der Steuerzahlung, die einen Kaufkraftverlust bei den Wirtschaftssubjekten bedeuten, fallen beim Steuerzahler selbst weitere (Opportunitäts-)Kosten an. Diese bestehen u. a. aus direkten Kosten wie Honorare für Steuerberater aber auch aus indirekten Kosten wie dem Zeitaufwand, der für die Steuererklärung anfällt. Sie werden als Entrichtungskosten bzw. als Befolgungskosten bezeichnet und sind mit 3,1 % deutlich höher als die Verwaltungskosten. Je nach untersuchter Steuerart fallen diese Befolgungskosten sehr unterschiedlich aus. Sie steigen mit zunehmender Komplexität

---

[14] 5 Mio. Einsprüche sind ein Indiz für mangelnde Akzeptanz. Vgl. Riedel, D. (2006).

[15] World economic forum (2003).

[16] Untersucht wurden die Vollzugskosten für: Umsatzsteuer, Einkommensteuer, Körperschaftsteuer, Gewerbesteuer und Kraftfahrzeugsteuer.

der Steuerart überproportional an. Die vergleichsweise geringe Komplexität des Steuergegenstandes der Umsatzsteuer führt zu geringeren Vollzugskosten (3,1 %), während Gewinneinkünfte höhere Kosten verursachen. Sie betragen für die Einkommensteuer 5,7 % und für die Körperschaftsteuer 10,5 %. Insgesamt addieren sich die Vollzugskosten, bestehend aus Verwaltungs- und Befolgungskosten, auf 4,7 % des Steueraufkommens.

Vollzugskosten der Steuererhebung

	Verwaltungskosten in %	Befolgungskosten in %	Vollzugskosten in %
Umsatzsteuer	0,5	2,6	3,1
Einkommensteuer	2,2	3,4	5,7
Körperschaftsteuer	5,0	5,0	10,5
Gewerbesteuer	1,2	3,8	5,0
Kraftfahrzeugsteuer	2,9	1,4	4,3
Insgesamt	1,6	3,1	4,7

Kosten in Prozent des jeweiligen Steueraufkommens
Quelle: RWI (2003).

Neben diesen Lasten kommen weitere Zusatzlasten des Steuersystems auf die Bürger zu. So nehmen die Steuerplanungskosten, die die Verhaltensreaktionen der Steuerpflichtigen auf bestimmte steuerliche Regelungen berücksichtigen, einen erheblichen Raum ein, die umso höher sind, je komplexer das Steuersystem ist. Steuerbürger verwenden viel Energie darauf, die für sie günstigen Ausnahmereglungen zu finden. Rational handelnde Person versuchen, der Steuerzahlung durch Ausweichreaktionen zu entgehen. Durch geschicktes Ausnutzen der vielfältigen Regelungen (bspw. Betriebsauspaltung oder Gesellschafter-Fremdfinanzierung im unternehmerischen Bereich) versuchen Steuerzahler ihre Zahllast zu minimieren. Der Staat wiederum versucht durch eine verschärfte Gesetzgebung dagegen vorzugehen, die zusätzliche (Verwaltungs- und Befolgungs-)Kosten erfordern und die ohnehin schon hohe Komplexität des deutschen Steuersystems zusätzlich erhöhen. Hier entwickelt sich ein verhängnisvoller Prozess. Der Staat erlässt Steuergesetze mit einigen Ausnahmeregelungen, woraufhin die Bürger versuchen, diese zu nutzen (legal oder illegal), woraufhin der Gesetzgeber restriktivere Gesetze beschließt, die die Bürger daraufhin wieder verleiten lassen, diese neueren Bestimmungen zu umgehen, wodurch letztlich immer speziellere Regelungen mit einem immer höheren Komplexitätsgrad entstehen. Komplexe Regelungen bzw. Ausnahmen ziehen noch kompliziertere Regelungen nach sich. Dies gilt sowohl für den privaten wie auch für den unternehmerischen Bereich.

Wenn eine Steuer die relativen Preise einer Ökonomie beeinflusst, setzt sie damit Anreize zur Verhaltensänderung. Dies führt zu einer suboptimalen und ineffizienten Ressourcenallokation und verursacht über den Kaufkraftentzug hinausgehende zusätzliche Wohlfahrtskosten. Diesem so genannten excess burden steht kein zusätzliches Steueraufkommen gegenüber und entspricht einem unkompensierten Nutzenverlust. Wenn Raucher aufgrund einer Erhöhung der Tabaksteuer ihre Gewohnheiten einstellen, leisten sie keinen Beitrag zum Aufkommen der Tabaksteuer. Den Verzicht des Tabakkonsums werden sie als Einschränkung empfinden. Eine Tabaksteuererhöhung wird seitens des paternalistisch fungierenden Staates mit wohlmeinenden Lenkungseffekten begründet, denn der Staat möchte das „gesundheitsschädigende" Rauchen einschränken. Verfolgt der Staat dieses Ziel, stellt sich die Frage, warum das Rauchen nicht gänzlich per Gesetz verboten wird. Der Staat müsste dann aber auf Tabaksteuereinnahmen verzichten, die in Anbetracht der angespannten Haushaltslage zur Finanzierung des Haushaltes benötigt werden.[17] Hier offenbart sich ein Widerspruch des deutschen Steuersystems, das vielfältige Lenkungseffekte beinhaltet. Auf der einen Seite möchte der Staat (zumindest offiziell) ein gewisses Verhalten erreichen, nämlich (in diesem Fall) die Einschränkung des Tabakkonsums, auf der anderen Seite möchte er ein möglichst hohes Aufkommen erzielen, um seine Einnahmen zu sichern. Die Bürger hingegen können statt der Einschränkung ihres Konsums anderweitige (legale oder illegale) Ausweichreaktionen vornehmen. So können sie ihren Tabak im Ausland erwerben, zum anderen ist auch ein erhöhter Schmuggel von Tabak zu befürchten, wodurch das geplante Aufkommen der Tabaksteuer zusätzlich sinkt. Ausweichreaktionen sind auch bei der Ökosteuer zu beobachten. Der Lenkungseffekt soll die Bürger zu einem geringeren Benzinkonsum bewegen, um positive Umwelteffekte zu erzielen. Die Bürger in den Grenzregionen (insbesondere zu Polen, Tschechien und Luxemburg) aber neigen dazu, ihren Benzinkonsum im Ausland zu decken. Damit wird der gewünschte Lenkungseffekt dort nicht eintreten, zusätzlich entgehen dem Staat erhebliche Steuereinnahmen.

Steuervereinfachung und Gerechtigkeit

Je komplizierter das Steuerrecht, desto höher sind die Vollzugskosten, die Planungskosten und die weiteren Zusatzlasten der Besteuerung.[18] Je einfacher hingegen das Steuersystem ausgestaltet ist, umso geringer sind die aufzubringenden Steuerentrichtungskosten, die sich nicht nur in Geld-, sondern auch in Opportunitätskosten manifestieren. Um dies zu erreichen, wird gefordert, die vielfältigen

[17] Die Tabaksteuereinnahmen betrugen im Jahr 2005 rd. 14,3 Mrd. Euro.

[18] In der Untersuchung wird darauf hingewiesen, dass Deutschland eher im oberen Bereich hinsichtlich der Relation der Verwaltungskosten zum jeweiligen Steueraufkommen liegt.

Ausnahmen einzuschränken und so die Steuerbemessungsgrundlage zu verbreitern.[19] Die Ausweitung der Bemessungsgrundlage bewirkt nicht nur eine Vereinfachung des Steuersystems und eine verbesserte horizontale Gerechtigkeit, sondern hat darüber hinaus den Vorteil, dass das gleiche Steueraufkommen mit einem geringeren Steuersatzniveau erreicht wird. Das Ausmaß der Ausnahmetatbestände (Subvention)[20] ist beträchtlich. Je nach Abgrenzung des Subventionsbegriffes fallen die Zahlen sehr unterschiedlich aus. Die Bundesregierung kommt in ihrem Subventionsbegriff auf ein Volumen von insgesamt knapp 56 Mrd. Euro, wobei die Steuervergünstigungen auf 28,5 Mrd. Euro geschätzt werden.[21] Das Institut für Weltwirtschaft in Kiel legt seinen Subventionsberichten einen erheblich weiteren Subventionsbegriff zugrunde. Es berücksichtigt insbesondere auch Maßnahmen im Verkehrsbereich, Sozialleistungen der Länder und Kommunen und auch Finanzhilfen der Bundesagentur für Arbeit im Rahmen der aktiven Arbeitsmarktpolitik. Das Kieler Institut beziffert die Subventionen für das Jahr 2004 auf insgesamt 145,4 Mrd. Euro[22], wovon 93,3 Mrd. Euro als Finanzhilfen der unterschiedlichen Gebietskörperschaften und 52,1 Mrd. Euro als Steuervergünstigungen ausgewiesen werden. Der Aufkommensverlust durch Subventionen ist beträchtlich. Die gesamten Subventionen betragen 32,8 % des Steueraufkommens, die Steuervergünstigungen machen 11,8 % des gesamten Steueraufkommens aus.[23] Im Zusammenhang mit der Diskussion über die Reform der Ertragsbesteuerung ist die Höhe der Steuervergünstigungen im Bereich der Einkommen- und Körperschaftsteuer besonders interessant. Sie beliefen sich im Jahr 2004 auf 31,5 Mrd. Euro, die sonstigen Vergünstigungen betrugen 20,6 Mrd. Euro.[24] Die Vielzahl der Subventionen zeigt, dass sich der Staat auch im Bereich der Subventionen eher in Details verloren hat, statt sich an großen Linien zu orientieren.[25]

---

[19] Natürlich gilt zu bedenken, dass die Reduzierung der Verwaltungskosten allein kein Selbstzweck sein kann. Eine Kopfsteuer ist günstiger zu verwalten als eine Verbrauchssteuer, die wiederum günstiger ist als eine Einkommensteuer. Eine Kopfsteuer aber wird von kaum einem gefordert.

[20] Zu den Subventionen werden sowohl die Steuervergünstigungen als auch die Finanzhilfen gezählt, die der Bund, die Länder, die Gemeinden, die Europäische Gemeinschaft und die Bundesagentur für Arbeit gewähren.

[21] Vgl. Bundesministerium der Finanzen (2006).

[22] Dies entspricht einem Betrag von rd. 1.760 Euro pro Kopf der Bevölkerung.

[23] Vgl. Boss, A. / Rosenschon, A. (2006): S. 52.

[24] Vgl. Boss, A. / Rosenschon, A. (2006): S. 22.

[25] Zudem belegen Studien, dass viele Subventionen nicht denjenigen nutzen, für die sie angeblich gedacht sind. Dies galt insbesondere auch für solche Subventionen, die mittlerweile (im Jahr 2005 bzw. 2006) eingeschränkt oder sogar ganz abgeschafft wurden, denn sie haben Kapital in großen Stil in unproduktive Investitionen gelenkt. Sie veranlassten den Steuer-

Eine Reduzierung der Ausnahmetatbestände und damit einhergehende Verbreiterung der Bemessungsgrundlage würde eine deutliche Reduzierung der Steuersätze ermöglichen. Damit könnte das Steuersystem auch wieder gerechter werden, was impliziert, dass alle Bürger entsprechend ihrer Leistungsfähigkeit ihren Beitrag zu den Kosten des Staates leisten.[26] Das hohe Maß an Ausnahmetatbeständen bzw. Subventionen hat insbesondere die horizontale Gerechtigkeit zerstört, die besagt, dass Steuerpflichtige mit gleichem Einkommen den gleichen Einkommensteuerbetrag entrichten sollten. Eine unterschiedliche Anzahl von spezifischen Freistellungen, Freibeträgen, Abschreibungen, Steuerfreiheiten wie Zuschläge für Nacht-, Sonntags- oder Feiertagsarbeit führt in Deutschland aber dazu, dass gleich hohe Einkommen unterschiedlich besteuert werden, wobei die sich ergebenden Ungleichheiten bei Existenz progressiver Steuersätze noch verstärkt werden. Vorschläge zur Ausweitung der Steuerbemessungsgrundlage durch Reduzierung der Ausnahmetatbestände lassen sich somit vor allem mit dem Ziel der horizontalen Gerechtigkeit rechtfertigen.

In der Vergangenheit wurde aber immer wieder versucht, durch Schaffung vieler Ausnahmetatbestände dem Ziel der horizontalen Gerechtigkeit näher zu kommen. Steuerfreie Abzugsbeträge sollten das Einkommen zu einem besseren Indikator der wirtschaftlichen Leistungsfähigkeit machen, denn gleiches Einkommen muss nicht zwangsläufig gleiche steuerliche Leistungsfähigkeit bedeuten; dann nicht, wenn Steuerpflichtige sich in unterschiedlicher Lage befinden. Steuerzahler mit bspw. schweren außergewöhnlichen Belastungen wie hohen Krankheitskosten haben eine (deutlich) geringere steuerliche Leistungsfähigkeit als andere Steuerpflichtige mit gleich hohem Einkommen aber ohne eine solche außergewöhnliche Belastung.

Bei einer ausgewogenen Konzeption ist gegen den Abzug von Aufwendungen bspw. für außergewöhnliche Belastungen nichts einzuwenden, vielmehr kann die Abzugsfähigkeit zur Verwirklichung des Ziels einer gerechten Steuerbemessungsgrundlage beitragen. Es stellt sich aber die Frage, welche Ausgaben bzw. Tatbestände die Leistungsfähigkeit verringern und welche nicht. Mit dem permanenten Versuch, das Steuersystem bis in die kleinsten Verzweigungen hinein „gerecht" zu gestalten, ist das Steuersystem sehr komplex geworden. Diese Komplexität des deutschen Steuersystems steht insofern der Verwirklichung der Gerechtigkeits- und Umverteilungszieles entgegen, da üblicherweise gut infor-

pflichtigen zur Förderung des deutschen Films, obwohl ein Großteil dieser Förderungen die ausländische Konkurrenz der deutschen Filmindustrie begünstigt. Auch die zum Jahr 2006 abgeschaffte Eigenheimzulage hatte nachteilige Effekte. Die Förderung sei zwar gut gemeint, so die Argumentation, jedoch treibe sie die Preise für Baugrund und Eigentumswohnungen in die Höhe, so dass hierdurch auch diejenigen indirekt gefördert würden, die diese Immobilien (oder das Grundstück) schon besitzen.

[26] Wobei das Einkommen als Indikator für die Leistungsfähigkeit herangezogen wird.

mierte, meist besser verdienende Steuerzahler sich der gerade im Bereich der Besteuerung von Unternehmen und Kapitaleinkommen bestehenden komplexen Steuervermeidungsmöglichkeiten bedienen.[27] Problematisch ist, dass viele Steuergestaltungsmöglichkeiten von einzelnen Interessensgruppen initiiert wurden. Besonders gut organisierte Gruppen versuchen die Entwicklung des Steuerrechts zu beeinflussen und viele Vergünstigungen durchzusetzen. Benötigt der Staat ein bestimmtes Steueraufkommen, gewährt aber einigen Gruppen großzügige Ausnahmetatbestände, die zu einer geringeren Steuerlast gerade dieser Gruppe führen, müssen diese Steuerausfälle durch Mehrbelastungen Anderer kompensiert werden - insbesondere durch höhere Steuersätze. Die Kombination aus hohen Steuersätzen und vielfältigen Ausnahmeregelungen bietet nicht nur Anreize, sondern auch die Möglichkeiten zur legalen Steuervermeidung für diese Gruppen. Die vielfältigen Gestaltungsmöglichkeiten ermöglichen gut beratenen Hochverdienern relativ weniger Steuern zu entrichten als nicht beratenen Geringverdienern. Diejenigen, die keine Ausnahmeregelungen für sich in Anspruch nehmen können, sind die Verlierer eines solchen Systems. Nicht mehr, sondern weniger Gerechtigkeit ist das Ergebnis der vielfältigen Ausnahmetatbestände.[28] Das Einkommensteuergesetz sollte deshalb auf alle Lenkungs- und Ausnahmevorschriften verzichten und eine unausweichliche und deshalb gleichmäßige Steuerlast regeln. Die Anwendung einer breiten Steuerbemessungsgrundlage würde somit nicht nur zu einer Verbesserung der horizontalen Gerechtigkeit, wie auch zu einer Reduktion der Steuersätze über den gesamten Bereich führen, sondern auch die Effizienz des Steuersystems erhöhen, denn Subventionen sind „Finanzhilfen des Staates oder Steuervergünstigungen, die die Allokation der Ressourcen verzerren.“ [29]

Flat tax als Reformalternative

Als vorrangiges Ziel verschiedener Reformmodelle, die in den vergangenen Jahren vorgestellt wurden, wird deshalb nicht nur die Reduzierung des Steuersatzes, sondern insbesondere die Vereinfachung des Steuersystems postuliert. Es stellt sich die Frage, ob Teilkorrekturen am gegenwärtigen System ökonomisch sinnvoll sind, oder ob nicht ein gänzlich neues Steuersystem eingeführt werden sollte. Ein sehr radikales Modell wäre die flat tax. Es handelt sich um eine Einkommensteuer, die das wirtschaftliche Einkommen möglichst vollständig erfasst, also keine Ausnahmen zulässt. Sämtliche Steuersubventionen bzw.

[27] Tuger, A. (2005), S. 12.

[28] Kirchhof, P. (2004), S. 16 ff..

[29] Boss, A. / Rosenschon, A. (2006): S. 1.

–vergünstigungen werden abgeschafft.[30] Auf der breiten Bemessungsgrundlage wird ein möglichst niedriger, einheitlicher Steuersatz angewandt. Die Grundidee eines solchen Systems besteht ausschließlich darin, dem Staat die für die Erledigung seiner Aufgaben notwendigen Einnahmen zu verschaffen. Lenkungsnormen sollen nicht enthalten sein. Das von Kirchhof vorgestellte Steuerreformmodell kommt einer solchen flat tax sehr nahe und gilt als das radikalste und einfachste der in der jüngeren Vergangenheit vorgestellten Konzepte.[31] Die derzeit bestehenden sieben Einkunftsarten des heutigen Steuersystems (Einkünfte aus Land- und Forstwirtschaft, aus Gewerbebetrieben, aus selbständiger Arbeit, aus nicht selbständiger Arbeit, aus Kapitalvermögen, aus Vermietung und Verpachtung sowie sonstige Einkünfte) sollen zu einer einzigen Einkunftsart (Einkünfte aus Erwerbshandel) zusammengefasst werden. Alle Einkünfte werden gleich besteuert. Der Steuersatz beträgt einheitlich 25 %, unabhängig davon wie diese Einkünfte entstehen und wie sie verwendet werden. Die Befreiungs- und Ausnahmevorschriften des derzeit geltenden Rechts werden radikal gestrichen. Das zu versteuernde Einkommen ergibt sich aus den Einkünften abzüglich eines Grundfreibetrages sowie unter Berücksichtigung eines Sozialausgleiches. Jedem unbeschränkt Steuerpflichtigen, auch Kindern, steht ein Grundfreibetrag in Höhe von 8.000 Euro zu. Die Einkünfte natürlicher Personen werden nach ihrem Grundfreibetrag um einen Sozialausgleichsbetrag reduziert. Die über den Grundfreibetrag von 8.000 Euro[32] hinausgehenden nächsten 5.000 Euro unterliegen der Steuer nur zu 60 %, die folgenden 5.000 Euro werden zu 80 % besteuert. Somit wird auf die ersten 5.000 Euro jenseits des Grundfreibetrages ein Eingangssteuersatz von 15 % und auf die weiteren 5.000 Euro ein Steuersatz von 20 % erhoben. Der Tarif weist zwar nur einen Grenzsteuersatz auf, allerdings sind durch den Sozialausgleichsbetrag zwei Stufen eingebaut, so dass der Tarif de facto zu einem Stufentarif wird. Zur Abgeltung von Werbungskosten wird allen Steuerpflichtigen eine Vereinfachungspauschale in Höhe von 2.000 Euro gewährt. Dies bedeutet, dass die volle Steuerpflicht mit einem Steuersatz von 25 % ab einem Einkommen von über 20.000 Euro einsetzt.

Flat tax – gerecht?

Steuerreformen werden in der Öffentlichkeit meist mit ihren unmittelbaren Belastungs- und Verteilungswirkungen wahrgenommen. So wurde im Zuge des

[30] An dieser Stelle sei darauf hingewiesen, dass die Beseitigung von Steuervergünstigungen nicht mit einer flat tax einhergehen muss. Ein Abbau von Steuervergünstigungen könnte auch bei progressiven Tarifverläufen angewandt werden und das Mehraufkommen durchweg zur Reduzierung des progressiven Tarifes angewandt werden.

[31] Die grundsätzliche Idee der flat tax wurde schon in den fünfziger Jahren diskutiert.

[32] Der wissenschaftliche Beirat beim Bundesministerium der Finanzen schlägt einen Steuersatz von 30 % und einen Grundfreibetrag in Höhe von 10.000 Euro vor.

Bundestagswahlkampfes 2005 angeführt, dass ein einheitlicher Steuersatz, wie bei einer flat tax obligatorisch, nicht gerecht sei, da „die Krankenschwester den gleichen Steuersatz habe wie der Chefarzt“. Jenseits des Freibetrages und des Sozialausgleiches wird jeder zusätzlich verdiente Euro mit 25 % gleich besteuert, egal ob ein armer oder ein reicher Bürger diesen Euro verdient. Während die horizontale Gerechtigkeit besagt, dass Steuerpflichtige mit gleichem Einkommen auch den gleichen Einkommensteuerbetrag entrichten müssen, besagt das Prinzip der vertikalen Gerechtigkeit, dass Steuerpflichtige mit verschiedener Leistungsfähigkeit auch unterschiedliche Steuerbeträge entrichten müssen. Die Beachtung dieser Regel erfordert eine quantitative Messgröße der Leistungsfähigkeit, wobei das Einkommen als weitgehend akzeptiertes Maß der Leistungsfähigkeit gilt.[33]

Hinsichtlich der Ermittlung der Steuerlast für verschieden hohe Einkommensbezieher wird in der Literatur auf die Opfertheorie zurückgegriffen, die besagt, dass Steuerzahler dann gleich behandelt werden, wenn ihre Steuerzahlungen ein gleiches Opfer im Sinne eines gleichen Verlustes an Wohlfahrt bedeuten. Der Wohlfahrtsverlust steht dabei in Beziehung zum Verlust an Einkommen. Wenn das Wohlfahrtsniveau als Funktion des Einkommens, dargestellt als Grenznutzenkurve des Einkommens für alle Steuerzahler gleich ist, erfordert die Opfergleichheitsregel, dass Personen mit gleichem Einkommen, also mit der gleichen Leistungsfähigkeit auch gleiche Steuerzahlungen leisten sollten. Dagegen sollen Personen mit unterschiedlichem Einkommen unterschiedliche Beträge entrichten. Um diese unterschiedlichen Beträge ermitteln zu können, muss der Verlauf der Kurve des Grenznutzens aus dem Einkommen bekannt sein. Selbst dann unterscheidet sich die Antwort, je nachdem wie der Ausdruck „Opfergleichheit“ definiert und folglich, in welchem Verhältnis der Nutzen gekürzt wird. Der Nutzenverlust kann als gleiches absolutes, gleiches proportionales oder gleiches marginales Opfer interpretiert werden.

Betrachtet werden 2 Personen mit identischen Grenznutzenkurven, die mit sinkender Rate abnehmen. Das Einkommen des „Armen“ (A) sei vor Besteuerung 0B, das des „Reichen“ R sei 0b. Die Gesamtnutzen seien entsprechend 0BDM bzw. 0bdm. Bei gleichem absoluten Opfer zahlt A mit dem Einkommen 0B Steuern in Höhe von CB. R, mit dem Einkommen 0b, zahlt Steuern in Höhe von cb. Die Nutzeneinbuße bzw. das Opfer für A ist gleich CBDE, der für R ist gleich cbde, wobei beide Opfer absolut betrachtet gleich groß sind: CBDE = cbde. Das Prinzip des gleichen absoluten Nutzenentganges entspricht keiner Kopfsteuer, denn beiden Personen wird je ein unterschiedlicher Betrag entzogen (cb > CB). Bei sinkendem Grenznutzen folgt, dass die Steuerschuld für R mit

[33] Es wird aber durchaus auch die Auffassung vertreten, dass der Konsum als besserer Index der Leistungsfähigkeit betrachtet werden kann.

dem Einkommen steigt. Allerdings folgt daraus noch nicht, dass ein progressiver Tarifverlauf erforderlich ist. Während der unterstellte sinkende Grenznutzen des Einkommens (U′) im Allgemeinen akzeptiert wird, gibt es bislang keine Antwort darauf, mit welcher Rate der Grenznutzen abnimmt, die aber entscheidend dafür ist, ob das Prinzip des absoluten Opfers einen progressiven Tarifverlauf verlangt.

Bei gleichem proportionalen Opfer zahlt A Steuern in Höhe von TB und R in Höhe von tb. Die Steuer wird zwischen beiden Personen so aufgeteilt, dass der relative Verlust an Nutzen für den Armen (TBDJ/0BDM) der gleiche ist wie der für den Reichen (tbdj/obdm). Ein Vergleich der beiden Personen zeigt, dass ein relativ gleicher Nutzenverlust nicht zu einer relativ gleichen Kürzung der Einkommen führt. Die reiche Person muss mehr Steuern bezahlen als die arme Person und mehr bezahlen (bt) als beim Prinzip des gleichen absoluten Opfers (bc). Auch hier lässt sich über den Tarifverlauf nichts aussagen.

Vertikale Gerechtigkeit: Opferprinzipien

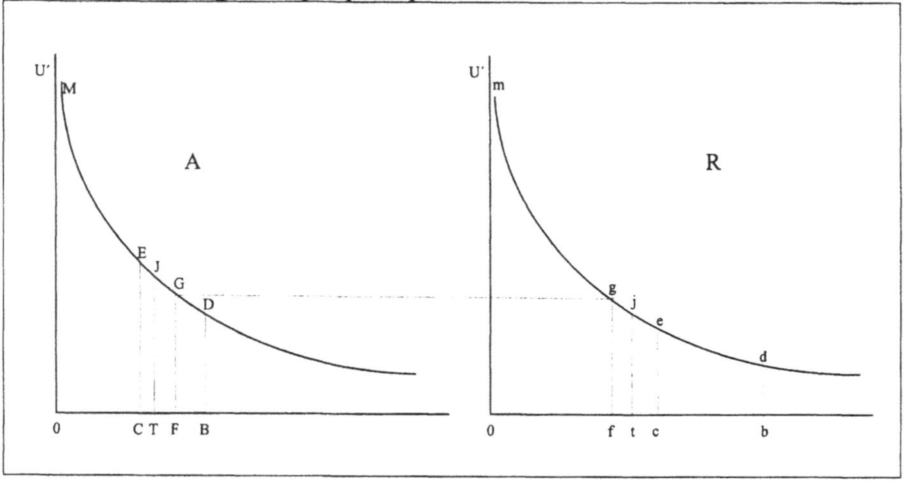

Bei gleichem marginalen Opfer werden alle Personen auf das gleiche Nutzenniveau gebracht. A zahlt Steuern in Höhe von FB und R zahlt fb. Nach Abzug der Steuern sind die Grenznutzen von A und R gleich hoch, es gilt FG = fg. Nach Steuern sind, bei Unterstellung identischer Grenznutzenkurven, beide Einkommen angeglichen 0F = 0f. Bei sinkendem Grenznutzen, wie im Allgemeinen unterstellt wird, verlangt dieses Prinzip eine maximale Progression die zu einer Nivellierung des Einkommens (ausgehend von dem Reichen) führt, bis das benötigte Steueraufkommen erreicht wird. Gemäß des Prinzipes des gleichen marginalen Opfers resultiert unter der Annahme eines sinkenden Grenznutzens ein progressiver Tarif. Die Einkommen werden von der Spitze aus nivelliert. Alle Personen weisen nach Abzug der Steuern das gleiche Einkommen auf.

Mit Ausnahme des gleichen Grenzopfers, welches eine maximale Progression verlangt und zum Ergebnis führt, dass alle besteuerten Individuen das gleiche Einkommen aufweisen, was in einer Marktwirtschaft aber auf Ablehnung stößt, ist die Rechtfertigung eines progressiven Tarifverlaufes oder ihres Ausmaßes keineswegs überzeugend. Bei den Prinzipen des gleichen absoluten und des gleichen proportionalen Opfers folgt lediglich, dass die Steuerschuld mit dem Einkommen steigen soll. Darüber hinaus gibt es keine Schlussfolgerung darüber, ob ein progressiver Tarifverlauf erforderlich ist und wenn ja, welcher Progressionsgrad anzuwenden ist.[34]

Indirekte Progression der flat tax:

Einkünfte in €	Einkommensteuer	Durchschnittssteuersatz
10.000 €	0 €	0 %
20.000 €	1.750 €	8,8 %
30.000 €	4.250 €	14,2 %
50.000 €	9.250 €	18,5 %
100.000 €	21.750 €	21,8 %
250.000 €	59.250 €	23,7 %
1.000.000 €	246.750 €	24,7 %

Eigene Berechnungen.

Dem gegenwärtigen System der Einkommensteuer wird die Aufgabe zugewiesen, ein als ungerecht empfundenes Verteilungsergebnis des Marktes zu korrigieren, wozu insbesondere ein progressiver Tarifverlauf dienen soll. Durch eine flat tax würde dieser progressive Tarifverlauf aufgegeben. Die flat tax weist keine direkte, aber eine indirekte Progression auf. Zwar ist der Grenzsteuersatz oberhalb des Freibetrages mit 25 % konstant, für die Progression sorgt aber der Freibetrag, der dazu führt, dass die Durchschnittsbesteuerung mit höherem Einkommen ansteigt. Diese indirekte Progression ist umso stärker je höher der Freibetrag gewählt wird. In der Festlegung der Höhe besteht eine sozialpolitische

[34] Vgl. Musgrave (1985), S. 33. Es ist durchaus auch ein regressiver Tarifverlauf denkbar, der diesem Kriterium genügt. Die Opfertheorien sind vielfältiger Kritik ausgesetzt, so besteht Frage, welche „Opfergleichheit" die richtige ist und weiter hängt der Tarif vom genauen Verlauf der Grenznutzenkurve ab. Weiter gibt es (bis heute) keine interpersonell vergleichbare Nutzenmessung.

Komponente der flat tax. Bei einem Einkommen (einer Person) von 10.000 Euro wird aufgrund des Freibetrages von 8.000 Euro plus der Vereinfachungspauschale in Höhe von 2.000 Euro keine Einkommensteuer fällig. Bei einem Einkommen von 20.000 Euro müssen 1.750 Euro Steuern entrichtet werden. Dies entspricht einem Durchschnittssteuersatz von 8,8 %. Bei einem Einkommen von 1 Mio. Euro sind 246.750 Euro zu bezahlen, was einem Durchschnittsatz von 24,7 % und somit fast dem Grenzsteuersatz von 25 % entspricht. Bürger, die gerade über dem Freibetrag liegen, tragen nur eine geringe Durchschnittsbelastung, während Bezieher hoher Einkommen eine entsprechend höhere Belastung tragen müssen. Bei sehr hohem Einkommen nähert sich die Durchschnittsbelastung asymptotisch der Grenzbelastung in Höhe von 25 %. Ferner lässt sich erkennen, dass bei niedrigen Einkommen die Durchschnittsbelastung zunächst stark zunimmt, während bei einem hohen Einkommensniveau die Durchschnittsbelastung immer langsamer ansteigt.[35]

Belastung von Geringverdienern - Entlastung von Großverdienern?

Kritik wird dahingehend geäußert, dass Geringverdiener durch die Umstellung vom gegenwärtigen System auf das flat tax Modell nur geringe Vorteile hätten, eventuell sogar belastet würden, während Großverdiener erheblich entlastet würden. Um dies zu belegen, wurde das Beispiel einer ledigen Krankenschwester herangezogen, die 36.000 Euro brutto verdiene, und nach dem Kirchhof-Modell nur um 116 Euro entlastet werde, während ein Abteilungsleiter mit einem Einkommen in Höhe von 150.000 Euro 11.308 Euro weniger als im gegenwärtigen System an Steuern zahlen müsste.[36] Die geringere Entlastung der Krankenschwester resultiert insbesondere daraus, dass die steuerfreien Zuschläge für Nacht- und Sonntagsarbeit abgeschafft werden. Dieses Beispiel sollte dazu dienen, die Reformalternative als ungerecht darzustellen. Sei aber angenommen, diese Krankenschwester wäre verheiratet und hätte zwei Kinder, wobei zusätzlich unterstellt sei, dass der Ehemann arbeitslos sei und kein Arbeitslosengeld oder sonstige Ersatzbezüge erhalten würde, dann müsste sie unter Berücksichtigung des Splittingtarifes eine Einkommensteuer von gegenwärtig 2.850 Euro entrichten. Bei dem Steuersystem von Kirchhof aber würde neben der Vereinfachungspauschale von 2.000 Euro zusätzlich ein Freibetrag von insgesamt 32.000 Euro Freibetrag berücksichtigt. Die Krankenschwester müsste dann lediglich 87

---

[35] Auch das gegenwärtige Steuersystem weist oberhalb eines Einkommens von 52.151 Euro einen konstanten Grenzsteuersatz von 42 % ohne Solidaritätszuschlag auf. Unter Berücksichtigung des Solidaritätszuschlages in Höhe von 5,5 % errechnet sich ein Spitzensteuersatz in Höhe von 44,31 %.

[36] Vgl. Übersicht 7.

Euro an Einkommensteuer bezahlen.[37] Der Freibetrag von 8.000 Euro für jeden Erwachsenen und für jedes Kind sowie die Vereinfachungspauschale von 2.000 Euro sorgen insbesondere bei (gering verdienenden) Familien für eine erhebliche Entlastung.

Beispielsberechnungen dürfen generell nicht überinterpretiert werden, denn bei entgegen gerichteten Veränderungen von Steuersätzen und Bemessungsgrundlagen, wie beim Übergang vom gegenwärtigen System auf das Modell der flat tax der Fall, ist es immer möglich zu zeigen, dass sich einzelne verbessern und andere verschlechtern.[38] Wie stark ein Bürger be- oder entlastet wird, hängt ganz konkret von seinen individuellen Lebensumständen und seinen bisherigen Abzugsmöglichkeiten ab. In Kombination mit plausiblen Annahmen können die Berechnungen aber einige wichtige Hinweise geben, auch dahingehend, dass eine Steuerreform in Form einer flat tax nicht voreilig als unsozial klassifiziert werden sollte.

Entlastungswirkungen

Aufgrund der radikalen Tarifsenkung von 42 % (ohne Solidaritätszuschlag) um 17 Prozentpunkte auf 25 % sind es zunächst die hohen Einkommensbezieher, die absolut gesehen am stärksten entlastet werden können. Sie entrichten auch das Gros des Steueraufkommens. Die oberen 10 % der Steuerpflichtigen (Einkünfte über 67.300 Euro) zahlen 53,1 % der Einkommensteuer.[39] Gutsituierte Personen müssen aber im Gegenzug durch den radikalen Abbau von Subventionen und Steuervergünstigungen erhebliche Nachteile hinnehmen, von denen sie in der Regel bisher besonders stark profitieren. Die vielfältigen Ausnahmetatbestände des derzeit geltenden Systems erlauben es denjenigen, die hohe Einkommen erwirtschaften, ihr tatsächlich zu versteuerndes Einkommen sehr weit herunterzudrücken. Gemäß der Intention von Kirchhof würden sich, bei Einführung der flat tax, gerade die Reichen verschlechtern, weil sie im gegenwärtigen System sehr viele Steuervergünstigungen in Anspruch nehmen.[40] Die nominale Steuerbelastung liege zwar im nominalen Bereich sehr hoch, im effektiven Be-

---

[37] Die in Übersicht 5 abgedruckten Vergleichsberechnungen waren Gegenstand vielfacher Kritik. Vgl. hierzu Tuger, A. (2005).

[38] Tuger, A. (2005), S. 8.

[39] Brügelmann, R. (2006), S. 4.

[40] So nimmt z. B. der Anteil der Steuerpflichtigen mit negativen Einkünften aus Vermietung und Verpachtung mit steigendem Einkommen zu. Während in der Einkommensklasse von 0 bis 2.500 Euro nur 1,8 % der Steuerpflichtigen Verluste aus Vermietung und Verpachtung in ihrer Steuererklärung geltend machen, sind es bei Steuerpflichtigen mit einem Einkommen von mehr als 5 Mio. Euro sogar 68,2 %., vgl. Brügelmann/Fuest (2004), S. 47.

reich aber sei sie sehr gering. Umfangreiche konkrete Daten zu den (gegensätzlichen) Wirkungen über die Entlastungs- bzw. Belastungswirkungen liegen aber kaum vor.

Das Deutsche Institut für Wirtschaft (DIW) kommt zu dem Ergebnis, dass die Reichen bei einer Umstellung auf die flat tax am stärksten entlastet werden, nicht nur absolut, sondern auch relativ zum Einkommen, denn die Mehrheit der Besserverdiener würde erheblich weniger absetzen können als gemeinhin angenommen werde. Sie litten nicht so stark von den geplanten Abschaffungen der Vergünstigungen sondern profitierten von den deutlich geringeren Steuersätzen. Für die meisten Fälle gilt im gegenwärtigen System, dass Bezieher hoher Einkommen auch hohe Steuern zahlen.

Entlastungswirkungen bei Übergang auf die flat tax

Bruttoeinkommen in Euro	Steuerpflichtige in Tsd.	Steuerbelastung in %	Entlastung in %
15.000 - 20.000	2.157,3	0,4	- 0,6
20.000 - 25.000	2.586,9	5,0	- 1,3
25.000 – 30.000	3.212,2	8,6	- 1,8
30.000 – 40.000	5.780,5	11,1	- 2,5
40.000 – 50.000	3.662,2	13,9	- 3,2
50.000 – 75.000	4.741,2	19,4	- 3,4
75.000 – 100.000	1.521,9	25,8	- 3,6
100.000 – 250.000	1.184,9	34,1	- 5,0
250.000 – 500.000	149,9	43,9	- 7,3
500.000 – 750.000	30,2	46,8	- 7,3
750.000 – 1.000.000	11,0	50,6	- 9,2
über 1.000.0000	19,5	54,5	- 8,9
Insgesamt	30.783,7	19,7	- 3,4

Quelle: DIW (2004).

Die Tarifentlastungen sind so hoch, dass sie in der Regel die Mehrbelastungen durch die verbreiterte Bemessungsgrundlage mehr als ausgleichen. Die höchsten Entlastungswirkungen ergeben sich mit rd. 9 % in den oberen Einkommensbereichen.[41] Die relative Entlastungswirkung steigt mit dem Einkommen, dennoch gibt es einige „Abschreibungskünstler“, die ihr hohes Einkommen durch ge-

[41] Zu bedenken gilt, dass der Steuertarif nichts über die Einkommens- und Vermögensverteilung in einem Land aussagt. Das Maß der sozialen Umverteilung lässt sich erst im Kontext der gesamten Staatsausgaben und der gesamten Staatseinnehmen beurteilen.

schicktes Ausnutzen des gegenwärtigen Steuersystems gegen Null drücken. Diese würden durch eine Änderung des Steuergesetzes erhebliche Einbuße erleiden. Gemäß den Berechnungen des DIW stellen sich alle Einkommensgruppen besser, was ein Indiz dafür ist, dass eine Tarifsenkung kombiniert mit einer Verbreiterung der Bemessungsgrundlage primär zu Umverteilungen innerhalb derselben Einkommensgruppe führen wird und nicht zu Lastenverschiebungen zwischen den Einkommensgruppen.[42]

Aufkommenswirkung

Da den Berechnungen des DIW zufolge jede Einkommensgruppe steuerlich entlastet wird, ergeben sich Mindereinnahmen für die Gebietskörperschaften. Für Bund, Länder und Gemeinden aber sind neben den administrativen Kosten insbesondere die Aufkommenswirkungen ein wesentlicher Entscheidungsfaktor für die Akzeptanz eines bestimmten Steuerreformmodells. Für die Finanzminister in Bund und Länder ist es wichtig, verfassungskonforme Haushalte zu erstellen, die gleichzeitig den Maastricht-Kriterien genügen. Über die Aufkommenswirkung des flat tax Modells herrscht allerdings erhebliche Unsicherheit. Während Kirchhof davon ausgeht, dass sein Konzept aufkommensneutral ist, da er durch umfangreichen Subventionsabbau eine volle Gegenfinanzierung seines Modells erwartet, errechnet das Kieler Institut für Weltwirtschaft Mindereinnahmen in Höhe von 18,1 Mrd. Euro. Das Deutsche Institut für Wirtschaftsforschung in Berlin (DIW) schätzt die Entlastungen auf 26,4 Mrd. Euro. Der von den Finanzministern eingerichtete Arbeitskreis hingegen rechnet mit einem vergleichsweise moderaten Steuerausfall in Höhe von 11,4 Mrd. Euro, sofern die Reform vollständig umgesetzt ist. In der Übergangsphase sind die Mindereinnahmen für den Staat wesentlich höher, da die Tarifsenkung sofort, die Gegenfinanzierung durch die Verbreiterung der Bemessungsgrundlage hingegen erst zeitverzögert wirkt. Um die erheblichen Aufkommenswirkungen in der Umstellungsphase zu begrenzen, könnte daran gedacht werden, zunächst einen etwas höheren Steuersatz zu Grunde zu legen, der sukzessive abgesenkt wird, bis die Reform in vollem Umfang greift.[43]

[42] Vgl. Brügelmann/Fuest (2004), S. 47. Folglich wird es auch bei geringen oder mittleren Einkommen zu Be- oder Entlastungen kommen, je nachdem inwiefern bestimmte Einkommensbezieher im gegenwärtigen System bestimmte Ausnahmetatbestände für sich nutzen können oder nicht.

[43] Sollte sich bei Umsetzung sämtlicher Gegenfinanzierungsmaßnahmen langfristig ein größeres Defizit ergeben, könnte daran gedacht werden, den einheitlichen Steuersatz etwas zu erhöhen.

Vorteile einer flat tax

Im politischen Wahlkampf der Bundestagswahl des Jahres 2005 wurden insbesondere verteilungspolitische Aspekte des Modells in den Vordergrund gestellt. Ein einheitlicher Steuersatz hat vielfältige Vorteile, denn er entschärft viele neuralgische Punkte einer direkt progressiven Einkommensteuer, die im Wahlkampf allerdings wenig Beachtung gefunden haben:[44]

- Die flat tax ermöglicht, dass jeder Steuerpflichtige seine Steuererklärung ohne großen Aufwand selbst ausfüllen kann. Auch für die Finanzverwaltung gestaltet sich die Kontrolle einfach. Damit reduzieren sich die Entrichtungs- und Befolgungskosten ebenso wie die Steuerplanungskosten. Der administrative Aufwand für die Steuerbürger wird erheblich reduziert, da keine Ausnahmen und Abzüge mehr existieren. Der einheitliche Steuersatz erlaubt es, Einkünfte im größeren Umfang an der Quelle zu besteuern. So können Löhne und Kapitalerträge abschließend bei der auszahlenden Stelle besteuert werden, wodurch der administrative Aufwand weiter reduziert wird.
- Die von einflussreichen Lobbyisten initiierten steuerlichen Sondertatbestände und Ausnahmeregelungen, die nur bestimmten Interessensgruppen dienen, entfallen.
- Mit der flat tax entfallen zusätzlich Anreize für Steuerarbitrage in zeitlicher und personeller Hinsicht. Sie vermindert den Anreiz, Einkommen auf bestimmte Perioden ebenso wie auf bestimmte Personen zu verschieben, womit die Steuerplanungskosten reduziert werden. Übersteigt das Einkommen den Grundfreibetrag, so besteht gar kein Anreiz der Arbitrage, da zusätzliches Einkommen gleich hoch besteuert wird.
- Das System ist neutral, d. h. die Investitionsentscheidungen und die Wahl der Rechtsform werden nicht mehr steuerlich beeinflusst, Entscheidungen hinsichtlich der Finanzierung werden nicht mehr verzerrt und es wird dem Prinzip der Allokationseffizienz gerecht, welches fordert, dass der Staat mit der Art der Besteuerung die Marktentscheidung der Individuen nicht verzerren sollte. Gegenwärtig führt der Dualismus von Einkommensteuer und Körperschaftsteuer dazu, dass betriebliche Gewinne unterschiedlich belastet werden.
- Die flat tax mit dem einheitlichen Steuersatz entschärft auch die Diskussion des Ehegattensplittings. Da auch Kindern ein Freibetrag in Höhe von 8.000 Euro zugestanden wird, ist das System familienfreundlich.

---

[44] Vgl. Gutachten des Wissenschaftlichen Beirates beim BMF (2004), S. 4 f.

- Das bisherige System der Lohnsteuerklassen entfällt. Es würde genügen, die Freibeträge auf der Lohnsteuerkarte einzutragen. Auch die strategische Wahl, welche Lohnsteuerklasse gewählt werden sollte, auch im Hinblick auf die Erlangung von Sozialleistungen wie bspw. dem Arbeitslosengeld, würde entfallen.
- Weiterhin würde eine wichtige Streitfrage entschärft. Sollten bestimmte Abzugsbeträge bei der Bemessungsgrundlage oder aber direkt bei der Steuerschuld zum Ansatz kommen?
- Ferner kann es gelingen, die so genannte kalte Progression zu neutralisieren, indem es einfach genügen würde, die Freibeträge regelmäßig anzupassen. Der progressive Tarif bedingt im gegenwärtigen System eine schleichende Steuererhöhung, weil bei steigendem Nominaleinkommen immer mehr Steuerpflichtige in höhere Steuersätze hineinwachsen, obwohl das Realeinkommen je nach Höhe der Inflation nicht so stark steigt oder sogar sinkt.
- Ein wesentlicher Vorteil aber liegt darin, dass Klarheit existiert über die steuerliche Belastung zusätzlich erwirtschafteten Einkommens.[45] Dies erhöht die Transparenz für die Bürger.

Fazit

Das Konzept von Kirchhof gilt als der radikalste der in den vergangenen Jahren vorgestellten Steuerreformentwürfe. Die komplette Streichung der Ausnahmetatbestände führt zur umfangreichen Vereinfachung des Steuersystems. Dabei, so wird argumentiert, bestehe zumeist ein Zielkonflikt mit dem Gerechtigkeits- oder Verteilungsziel der Besteuerung, denn dieses verlange grundsätzlich eine differenzierte und keine vereinfachte pauschalierte Betrachtung. Der Gedanke der flat tax geht hingegen davon aus, dass die derzeitige Umverteilungstheorie im gegenwärtigen Steuerrecht gescheitert ist, da die vielfältigen Gestaltungsmöglichkeiten des derzeitigen Steuersystems bewirken, dass gut beratene Hochverdiener die sich ihnen bietenden Gestaltungsspielräume ausnutzen, während nicht beratene Geringverdiener die vielfältigen Ausnahmeregelungen, die sie aber nicht (in dem Maße) nützen können, mit einem höheren Steuersatz bezahlen müssen, der erhoben werden muss, damit der Staat ein bestimmtes Aufkommen erzielt. Ein Missbrauch des Steuersystems, um seine Steuerlast klein zu rechnen, ist bei einer flat tax ausgeschlossen. Eine Analyse des DIW, in der die Entlastungswirkungen des Kirchhof-Modells berechnet wurden, gelangt zu dem

[45] Nach derzeitigem System weiß bspw. bei einer Zusammenveranlagung ein Ehepartner, der eine zusätzliche Beschäftigung aufnehmen möchte zunächst nicht, wie viel von seinem zusätzlich erwirtschafteten Einkommen nach Steuern ihm verbleiben wird.

Ergebnis, dass alle Einkommensgruppen profitieren würden, die höheren Einkommensbezieher sowohl absolut als auch relativ mehr als die Bezieher geringerer Einkommen. Für einige Bürger, insbesondere für so genannte „Abschreibungskünstler" können sich aber erhebliche Mehrbelastungen ergeben. Wie stark ein Bürger be- oder entlastet wird, hängt ganz konkret von seinen individuellen Lebensumständen und seinen bisherigen Abzugsmöglichkeiten ab.

Der einheitliche Steuersatz und die Tatsache, dass es nur noch eine Einkunftsart gibt, sorgen für Neutralität in Sachen Rechtsform und Gewinnverwendung. Wenn alle Einkommens-, Investitions- und Finanzierungsformen gleich behandelt werden, hat es keinen Sinn wirtschaftliches Engagement an steuerlichen Gesichtspunkten auszurichten.[46] Der durch die breitere Bemessungsgrundlage ermöglichte niedrigere einheitliche Steuersatz bewirkt, dass die internationale Wettbewerbsfähigkeit Deutschlands steigt, wird ihm doch eine gewisse Signalfunktion für Standort- und Investitionsentscheidungen zugesprochen. Je einfacher das Steuersystem ausgestaltet ist, umso geringer sind die aufzubringenden Steuerentrichtungskosten (Geld-, und Zeitkosten) sowie die administrativen Kosten für die Steuerbehörden. Dabei werden Effizienzreserven gehoben, da die Vollzugskosten für die Verwaltung und für die Steuerbürger erheblich sinken und zur (weiteren) Senkung des Steuersatzes verwendet werden können. Mit einer flat tax würde das Steuersystem transparenter und berechenbarer.

---

[46] Vgl.: Institut der deutschen Wirtschaft Köln: Ein modernes Steuersystem für Deutschland (2004) S. 8.

Literatur:

Boss, A. / Rosenschon, A. (2006): Subventionen in Deutschland: Eine Bestandsaufnahme in: Kieler Arbeitspapiere Nr. 1267; Institut für Weltwirtschaft.

Bruegelmann, R. (2006): Die Besteuerung von Einkommen und Gewinnen in Deutschland; Institut der deutschen Wirtschaft, Köln.

Bruegelmann, R. / Fuest, W. (2004): Aktuelle Steuerreformmodelle auf dem Prüfstand, Deutscher Instituts-Verlag.

Bundesministerium der Finanzen (2006): 20. Subventionsbericht des Bundes.

Bundesministerium der Finanzen (2005): Die wichtigsten Steuern im internationalen Vergleich 2005.

DIW (2004): Reformkonzepte zur Einkommens- und Ertragsbesteuerung: Erhebliche Aufkommens- und Verteilungseffekte, aber relativ geringe Effekte auf das Arbeitsangebot; in Wochenbericht des DIW Berlin 16/04.

Dostert, B. / Hutz, P. (2005) Flat Rate Tax – mehr als ein Modewort? Credit Suisse.

Elschner C.; Overesch, M. (2006): Die steuerliche Standortattkaktivität für Investitionen und hochqualifizierte Arbeitskräfte im internationalen Vergleich; in: Der Betrieb 2006, S. 1017 ff..

Fuest, W. (2006): Steuerharmonisierung und Steuerwettbewerb; Institut der deutschen Wirtschaft, Köln.

Institut der deutschen Wirtschaft Köln (2004): Ein moderndes Steuersystem für Deutschland.

Kirchhof, P. (2003): Das EStGB – ein Vorschlag zur Reform des Ertragsteuerrechts: in Deutsches Steuerrecht, Heft 37.

Kirchhof, P. (2004): Der sanfte Verlust der Freiheit, Hanser Verlag München Wien

Musgrave, R.A.; Musgrave P.B.; Kullmer, L (1985): Die öffentlichen Finanzen in Theorie und Praxis 2; UTB Buch für Wissenschaft.

Riedel, D. (2006): Das Steuersystem: Seit 60 Jahren in der Akzeptanzkrise; in Handelsblatt, 16. Mai 2006.

RWI (2003): Rheinisch-Westfälisches Institut für Wirtschaftsforschung e. V. in Essen: Kosten der Besteuerung in Deutschland in: Monatsbericht des Bundesfinanzministerium der Finanzen 07.2003.

Sachverständigenrat zur Begutachtung der gesamtwirtschaftlichen Entwicklung (2005): Jahresgutachten 2005/2006, Wiesbaden.

Schaltegger, C.: (2004): Flat Tax – ein Modell für die Schweiz? Eidgenössische Steuerverwaltung, Bern.

Spengel, C. / Lammersen, L. (2001): Methoden zur Messung und zum Vergleich von internationalen Steuerbelastungen, Steuer und Wirtschaft, S. 222 – 238.

Stapperfend, T. (2005): Die Unternehmensbesteuerung in den Entwürfen zur Reform des Einkommensteuerrechts; in: Finanzrundschau 2 / 2005.

Tuger, A.: (2005): Das Kirchhof-Konzept zwischen Wunsch und Wirklichkeit; Institut für Makroökonomik und Konjunkturforschung in der Hans-Böckler-Stiftung

Wissenschaftlicher Beirat beim Bundesministerium der Finanzen (2004): Flat tax oder Duale Einkommensteuer, zwei Entwürfe zur Reform der deutschen Einkommensbesteuerung.

World economic forum (2003): Global Competitvieness Report 2003-2004, Oxford.

Übersicht 1: Steuer- und Abgabenquoten im internationalen Vergleich 2004

Land	Steuerquote	Abgabenquote
Deutschland	20,4	34,6
Belgien	31,5	45,6
Dänemark	48,4	49,6
Finnland	32,4	44,3
Frankreich	27,5	43,7
Griechenland	-	-
Irland	25,7	30,2
Italien	29,5	42,2
Japan	15,8	-
Kanada	28,0	33,0
Luxemburg	29,3	40,6
Niederlande	24,8	39,3
Norwegen	35,2	44,9
Österreich	28,3	42,9
Polen	-	-
Portugal	-	-
Schweden	36,2	50,7
Schweiz	22,2	29,4
Slowakei	18,4	30,8
Spanien	22,9	35,1
Tschechien	21,3	37,6
Ungarn	26,3	37,7
England	29,4	36,1
USA	18,7	25,4

Quelle: Bundesministerium für Finanzen: Die wichtigsten Steuern im internationalen Vergleich 2005. (Nach den Abgrenzungsmerkmalen der OECD)

Übersicht 2: Belastung von Arbeitnehmern mit Einkommen-/Lohnsteuer und Sozialabgaben 2004 (in v. H. des Bruttolohnes)

Land	Alleinstehend, kein Kind Durchschnitts-einkommen	Verheiratet, 2 Kinder, Alleinstehend, Durchschnitts-einkommen	Verheiratet, 2 Kinder Durchschnittseinkommen + 33 % eines weiteren Durchschnittseinkommen
Belgien	40,5	25,7	30,1
Dänemark	41,2	36,0	39,0
Deutschland	40,5	18,1	25,5
Finnland	30,3	30,3	26,6
Frankreich	26,7	20,7	20,6
Griechenland	16,6	16,6	16,5
Irland	15,7	7,3	9,7
Italien	27,8	21,1	19,7
Luxemburg	22,7	13,8	13,7
Niederlande	34,4	28,9	28,5
Österreich	28,8	26,1	23,8
Polen	31,5	29,5	30,0
Portugal	16,6	11,4	11,3
Schweden	31,0	31,0	29,5
Slowakei	21,3	8,1	9,4
Spanien	19,0	10,6	14,4
Tschechien	23,9	17,8	18,9
Ungarn	25,9	18,2	17,1
England	24,4	16,6	18,2
Japan	17,4	14,3	15,0
Kanada	24,7	20,8	21,7
Schweiz	20,9	16,2	16,9
USA	24,2	10,0	14,9

Quelle: Bundesministerium für Finanzen: Die wichtigsten Steuern im internationalen Vergleich 2005.

Übersicht 3: Einkommensteuersätze natürlicher Personen

Land	Eingangssatz	Spitzensteuersatz
Deutschland	15,0	42,0
Belgien	25,0	50,0
Dänemark	38,8	48,3
Finnland	17,5	51,5
Frankreich	6,83	48,09
Griechenland	15,0	40,0
Irland	20,0	42,0
Italien	23,0	45,0
Luxemburg	8,0	38,0
Niederlande	33,4	52,0
Österreich	23,0	50,0
Portugal	12,0	40,0
Schweden	31,5	56,5
Spanien	15,0	45,0
England	10,0	40,0
Estland	26,0	26,0
Lettland	25,0	25,0
Litauen	33,0	33,0
Malta	15,0	35,0
Polen	19,0	40,0
Slowakei	19,0	19,0
Slowenien	17,0	50,0
Tschechien	15,0	32,0
Ungarn	18,0	38,0
Zypern	20,0	30,0
EU-25	20,25	40,6
EU-15	19,93	46,17
Neue Mitgliedsländer	20,7	32,8

Quelle: Sachverständigenrat (2005) S. 264.

Übersicht 4: Steuerliche Belastung von Einzelunternehmen und Personengesellschaften

Steuerliche Belastung von Einzelunternehmen und Personengesellschaften

Steuerliche Belastung in v.H. des Gewinns	Einzelunternehmen*1 Unterhalb der Steuerbelastung		Personengesellschaften*2 Unterhalb der Steuerbelastung	
	Anzahl in Tsd.	v.H.	Anzahl in Tsd.	v.H.
15	891	79,2	198	76,5
20	1.015	90,3	220	84,9
25	1.063	94,6	230	88,8
30	**1.086**	**96,6**	**239**	**92,3**
35	1.115	99,2	245	94,6
38,65	1.122	99,8	251	96,9
zur Zeit max. 42 % zzgl. Soli				

*1 Einzelunternehmen Anzahl: 1.123.922

*2 Personengesellschaften Anzahl: 258.989

Quelle: Bundesfinanzministerium

Übersicht 5: Belastung der Kapitalgesellschaften in Prozent

Land	Zentralstaat	Zentralstaat und Gebietskörperschaften
Belgien	34	34
Dänemark	28	28
Deutschland	25	38,7
Estland	0	0
Finnland	26	26
Frankreich	34,9	34,9
Griechenland	32	32
Irland	12,5	12,5
Italien	33	37,3
Lettland	15	15
Litauen	15	15
Luxemburg	22,9	30,4
Malta	35	35
Niederlande	31,5	31,5
Österreich	25	25
Polen	19	19
Portugal (Lissabon)	25	27,5
Schweden	28	28
Slowakei	19	19
Slowenien	25	25
Spanien	35	35
Tschechien	26	26
Ungarn	16	17,5
England	30	30
Zypern	10	10
Japan	30	40,9
Kanada (Ontario)	22,1	36,1
Norwegen	28	28
Schweiz (Zürich)	8,5	24,1
USA (New York)	35	39,9

Quelle: Bundesministerium der Finanzen (2005) S. 20 f.

(In vielen Ländern existieren noch besondere Vorschriften und Sonderregelungen, so dass Abweichungen möglich sind. So gilt bspw. der Steuersatz von 0 in Estland für den Thesaurieungsfall, ansonsten 24 v.H.)

Übersicht 6: Effektive Durchschnitts- und Grenzsteuerbelastung

Land	Effektive Durchschnitts-steuerbelastung	Effektive Grenzsteu-erbelastung
Deutschland	36,0	30,0
Belgien	29,7	20,4
Dänemark	27,0	20,4
Finnland	27,3	24,0
Frankreich	35,1	34,8
Griechenland	30,6	21,1
Irland	14,7	14,4
Italien	32,0	22,7
Luxemburg	26,7	18,3
Niederlande	31,2	24,5
Österreich	31,4	26,2
Portugal	24,7	18,4
Schweden	23,3	17,9
Spanien	36,1	29,2
England	29,0	27,0
Estland	22,5	14,0
Lettland	14,4	12,7
Litauen	12,8	6,9
Malta	32,8	28,8
Polen	17,0	11,8
Slowakei	16,7	10,7
Slowenien	21,6	13,2
Tschechien	24,7	17,1
Ungarn	18,1	19,3
Zypern	14,5	13,3
EU-25	24,7	19,5
EU-15	28,5	22,8
Neue Mitgliedsländer	19,5	14,8

Quelle: Sachverständigenrat S. 264

Übersicht 7: Vergleichsberechnungen[47]

Abteilungsleiter

150 000 Euro, ein Kind, Pendler

	bisher	Kirchhof
Jahresbrutto	150 000	150 000
Kilometerpauschale	-2640	
Mieteinnahmen	5000	5000
Abschreibung/ Schuldzinsen	-10 000	-3000
Dividenden	1500	3000
Sparerfreibetrag	-1500	
stfr. Aktienverkauf Erlös 40 000 Euro		4000
Einkünfte	**142 360**	**159 000**
Vorsorgeaufwand/ Sonderausgaben	-4776	-4776
Kinderfreibetrag	-5808	-8000
Vereinfachungs-pauschale		-4000
Grundfreibetrag		-16 000
zu versteuerndes Einkommen	**131 776**	**126 224**
tarifl. Einkommenst.	39 516	30 056
erh. Kindergeld	+1848	
festzustellende Einkommenst.	**41 364**	**30 056**
Gewinn		**+11 308**

Quelle: Datev

Krankenschwester

36 000 Euro, ledig

	bisher	Kirchhof
Jahresbrutto	36 000	36 000
steuerfr. Zuschläge	-3600	
Zinseinnahmen	1000	1000
Sparerfreibetrag	-1000	
Werbungskosten	-920	
Einkünfte	**31 480**	**37 000**
Vorsorgeaufwand/ Sonderausgaben	-2421	-2421
Vereinfachungs-pauschale		-2000
Grundfreibetrag		-8000
zu versteuerndes Einkommen	**29 059**	**24 579**
Einkommenst.	**5510**	**5394**
Gewinn		**+116**

Quelle: Datev

[47] Die während des Bundestagswahlkampfes 2005 veröffentlichten Vergleichsberechnungen unterlagen vielfacher Kritik. Vgl. hierzu detailliert: Tuger, A. (2005).

Klaus Schafmeister

StadtRaumÖkonomische Überlegungen

Persönliche Vorbemerkung

Ich erinnere mich noch genau. Es sind mittlerweile mehr als zwanzig Jahre her, doch in meinem 4. Semester hatten wir in Paderborn die Möglichkeit Vorlesungen zu so genannten Orientierungsfächern zu hören. Ich wählte neben anderen „Deutsche Volkswirtschaftslehre und Wirtschaftsgeschichte" bei Herrn Prof. Dr. Karl-Heinz Schmidt. Wir waren nicht viele, nur gut 10 Studenten, aber umso mehr hat es uns bzw. mir gefallen. Damals hörte ich erstmals Namen wie Johann Heinrich Gottlieb von Justi, Johann Heinrich von Thünen, Friedrich List, Wilhelm Lautenbach oder Walter Eucken.

Diese und viele andere Namen habe ich bis heute nicht vergessen, aber nicht nur ihre Namen, sondern auch zum Teil ihre Werke, Biographien und Leistungen sind mir noch präsent. Über einige durfte ich dann intensiver arbeiten und später selbst Vorlesungen zu dieser Thematik halten. An Thünen und List bewundere ich beispielsweise bis heute die Verbindung ihrer praktischen oder politischen Aktivitäten mit ihren schriftlich niedergelegten Erkenntnissen und deren Interdependenz. Längst nicht bei allen Nationalökonomen oder Volkswirtschaftlern passte diese Verbindung, und wie unterschiedlich die Art und Weise ihrer Erkenntnisfortschritte war, darüber hat Prof. Dr. Karl-Heinz Schmidt selbst Interessantes erarbeitet.

Was liegt für mich also näher als selbst einmal kurz meine Verbindung bzw. Reflexion zwischen Theoretischem, Politischem und Praktischem im Rahmen dieses kurzen Papers zu versuchen. Dabei möchte ich gleich zu Beginn betonen, dass die hier von mir formulierten Sätze eher Gedankenspiele wiedergeben als wissenschaftlich fundiert sind.

Seit nunmehr sechs Jahren arbeite ich in einem ostwestfälisch-lippischen Mittelzentrum in verantwortlicher Position im Bereich des Stadtmarketings. Als ich diese Stelle aus der Universität heraus annahm, freute ich mich darauf, ein als neuartig erachtetes Instrument in der Praxis mit umsetzen und entwickeln zu können. Meine Neigungen im Bereich der Volkwirtschaftslehre bezogen sich immer wesentlich stärker auf die mikro- als auf die makroökonomische Ebene. Die makroökonomischen Aggregatdaten über wirtschaftspolitische Entscheidungen maßgeblich mit beeinflussen zu können, hatte ich bereits aufgegeben zu glauben. Insofern war ich sehr daran interessiert, welche Verhaltensweisen von

Individuen und kleinen Organisationen in einem sehr gut überschaubaren Raum zu welchen Wirkungen führen würden. Oder anders ausgedrückt, welche Faktoren spielen in nahen Markträumen eine dominante Rolle, um die individuelle und räumliche Lebensumweltqualität zu optimieren. Es ging mir also nicht unmittelbar um die *Volks*wirtschaft oder die *National*ökonomie, sondern um die ökonomischen Effekte in dem mir nahen Marktraum, der von mir heute so genannten *Stadtraum*ökonomie. Sicherlich spielen grundlegende wirtschaftspolitische Entscheidungen, die einen direkten oder indirekten Einfluss auf die Einkommenssituation von Familien haben, eine große Rolle in der Bewertung der eigenen Lebensumweltqualität. Doch unabhängig von diesen durch den Einzelnen kaum zu beeinflussenden Entscheidungen treten weitere Beziehungen, die die unmittelbare Lebensumweltqualität zum Teil massiv berühren. Dazu gehören ganz sicher die Rahmenbedingungen und Gegebenheiten vor Ort, die einem beim täglichen Tun begegnen. Insofern beruht die Bewertung unserer Lebensumwelt auf die Gestaltung, Ausprägung und Funktionalität der unmittelbaren Umgebung unseres Lebensmittelpunktes bei all unserem Handeln. Diese Lebensumweltqualität gilt es individuell und gemeinschaftlich kontinuierlich zu verbessern.

Im Bereich des Stadtmarketings heißt es immer noch, die Stadt nur erfolgreich als Marke entwickeln und vermarkten zu können. Dabei wird die irrige Annahme vertreten, eine Stadt sei so etwas wie ein Produkt oder sogar ein Markenprodukt. Sicherlich, keine Stadt existiert doppelt und ist somit sicherlich ganz individuell, aber damit ist längst nicht jede Stadt sofort eine Marke.

Ich habe meinen Job bzw. meine Aufgabe darin gesehen, ein öffentliches Gut zu entwickeln und es entsprechend darzustellen. Und hierin liegt meiner Ansicht nach der grundlegende und einfache Unterschied. In einem Stadtraum leben, arbeiten oder sind die Menschen unter individuell ganz unterschiedlichen Gründen, aber jeweils immer freiwillig. Sie lassen sich nur unter ganz bestimmten Voraussetzungen mit in die Gestaltung dieses öffentlichen Gutes Stadt einbinden. Sollte dies überwiegend nicht der Fall sein, so ist eine markenadäquate Darstellung nicht möglich. In einem Unternehmen dagegen lassen sich Anweisungen durchsetzen, die die Mitarbeiter verpflichten, sich diesem Image, dieser Philosophie entsprechend zu verhalten. Ob sie dies warum tun oder nicht, ist wiederum eine andere Frage.

Wovon hängt nun jedoch die unmittelbare Lebensumweltqualität der Menschen in einem Stadtraum ab. Als die von der Familie unabhängigen primären Funktionen lassen sich identifizieren:

- Wohnen
- Arbeiten
- Einkaufen

- Kultur / Freizeit
- Bildung

Zudem spielen selbstverständlich die stadtkulturelle Entwicklung (Geschichte) und die Umweltlage (Natur; Verkehrsinfrastruktur) eine nicht zu vernachlässigende Rolle. Von der jeweiligen individuellen bzw. familiären Bedeutung dieser Funktionen für die Menschen in einem Raum definiert sich auch die Größe des jeweils zu betrachtenden Stadtraumes. Zum Teil werden diese Stadträume privat nur für Urlaube, Ausflüge, Besuche etc. verlassen, so dass ein hoher Grad des Verbleibs innerhalb dieses Stadtraumes vorliegt. Je geringer dieser Grad, desto weniger lassen sich die privaten Nachfragen innerhalb dieses Raumes befriedigen. Je höher dieser Grad und je qualitativer die in diesem Raum nachgefragte funktionale Nutzung bewertet wird, desto höher ist tendenziell die (individuell empfundene) Lebensumweltqualität.

Die genannten Funktionen haben selbstverständlich je nach Größe, Lage oder Wirtschaftskraft der Städte eine unterschiedliche Bedeutung. Zudem unterliegen sie bestimmten Wandlungsprozessen. Diese sind gerade aktuell in fast allen Städten spürbar, jedoch je nach Größe der Städte auf unterschiedlicher Art und Weise und in verschiedener Stärke. Aufgrund dessen ist der städtische Wettbewerb derzeit allenthalben merklich.

In Großstädten werden alle Funktionen bedient und befriedigt. Eine Großstadt kann insofern fast als kompletter Raum verstanden werden. Sollten die Zulieferbedingungen und Exportwege sicher und offen sein, kann dieser Raum hinsichtlich der nachgefragten Stadtraumfunktionen fast als autark bezeichnet werden. Dagegen sind die Räume jedoch auch oftmals von solch einer Größe, dass sich innerhalb der Räume wiederum funktionale Schwerpunkte herausbilden.

Kleinstädte dagegen haben zum Teil bereits den Beginn eines massiven Wandlungsprozesses hinter sich, der die Ablösung bestimmter Funktionen, z.B. Einkaufen und/oder Arbeiten, und somit die Fokussierung auf wiederum andere, z.B. Wohnen, einleitete. Kriterien dieser Entwicklung in Kleinstädten sind oft sofort offensichtlich, massive Leerstände, kaum noch Nahversorgungsangebote, trading-down-Prozesse und somit Wanderungsbewegungen der Nachfrage in die nächstgelegenen Mittel- oder Oberzentren.

Der Problem- bzw. Handlungsdruck ist derzeit in Mittelstädten bzw. -zentren besonders groß. Die individuell empfundenen und öffentlich verlautbarten Bewertungen der Verschiebungen von relativen Ausprägungen der Funktionen in Mittelzentren führen zu erheblichen Unsicherheiten. Noch sind die Funktionen in Mittelzentren relativ gleichgewichtig ausgeprägt, z. T. auch jeweils in der nahen Umgebung. Die Innenstädte sind nicht nur einkaufsorientiert, sondern bieten auch Wohnobjekte und gastronomische wie andere Freizeitangebote.

Der Problemdruck ist jedoch seh- und erlebbar und hat selbstverständlich kurz- und mittelfristig erhebliche Auswirkungen auf die jeweilige Lebensumweltqualität. Von ihr hängt ganz entscheidend die Standortbewertung von jungen Menschen, von Unternehmen und von Kulturorganisationen ab. Dabei erfahren kurzfristig die gewachsenen Strukturen und die daraus resultierten innerräumlichen Netzwerke eine immer geringere Bewertung, denn über die zunehmende Mobilität aller Produktionsfaktoren werden kostenorientierte Einsparpotenziale deutlich und sehr hoch bewertet. Zudem werden aufgrund der erhöhten Transparenz Standortvergleiche für viele Menschen immer einfacher, so dass heute Standorte wesentlich schneller verlassen werden als es noch vor einigen Jahren der Fall war. Damit verbunden sind auch sich ändernden theoretischen Ansichten, denn mit dieser erhöhten Mobilität lösen sich zunehmend beispielsweise auch die Thünenschen Ringe oder das System der Zentralen-Orte von Walter Christaller o. a.

Darüber hinaus stehen Mittelzentren vor einer besonderen Problemlage. Sie lässt sich wie folgt kurz aufzeigen:

- finanzieller Druck auf kommunale Haushalte: die wirtschaftliche Entwicklung ist weniger dynamisch, die öffentlichen Ausgaben oftmals (politisch) irreversibel, die Anforderungen zunehmend, jedoch die Problemlösungskompetenzen und –potenziale oftmals wenig befriedigend vorhanden; im Grunde muss von einer Schrumpfung der monetären und politischen Handlungsmöglichkeiten gesprochen werden, die natürlich auf alle Funktionen einen spürbaren Einfluss haben werden;
- fehlendes Problembewusstsein: oftmals sind die erheblichen stadtökonomischen Herausforderungen weder den Aktiven in einer Stadt, noch den Fachleuten bewusst; spezifische wissenschaftliche Untersuchungen sind rar; strategische Instrumente oftmals nicht vorhanden bzw. wenn ja, kaum erprobt;
- Stadt im Wandel: Ladenleerstände, zunehmende Verunreinigungen, Trading-down-Entwicklungen, Unsicherheiten, Ausdehnung der Büro-, Gewerbe- und Einzelhandelsflächenangebote, demographische und migrationale Herausforderungen;
- Reform- bzw. Veränderungsstaus: vielfach sind abgesicherte Antworten auf die vielfältigen Herausforderungen nicht nur für Mittelzentren noch nicht vorhanden, so dass es vehemente intraräumliche Diskussionen über die strategischen Entwicklungsalternativen und die problemadäquaten Instrumente gibt – aktuell vielfach mit der Konsequenz des Verharrens auf dem Status quo, da die Herausforderungen in ihrer Tragweite so noch nicht allgemein empfunden werden.

Vielfach stehen die Mittelzentren nicht nur vor diesen einzelnen Problembereichen, sondern deren Kumulation, so dass der Druck zu spürbaren Problemlösungen zunimmt. Erste Indikatoren für die Städte sind oftmals kontinuierliche Abwanderungen und merkliche trading down-Entwicklungen in ständig zunehmenden innerstädtischen Bereichen.

Immerhin leben heute in Deutschland ca. 35% der Bevölkerung in Mittelzentren. Sie bilden damit den größten Anteil, in Oberzentren leben dagegen lediglich 28%. Auch dies macht deutlich, wie wichtig und bedeutungsvoll die Aufrechterhaltung der optimalen Funktionalität in diesem Bereich auch für die gesamte Volkswirtschaft ist.

Noch bis vor einigen Jahren hielten sich die Funktionen in einer Stadt grundsätzlich in einem Gleichgewicht. Mit der Industrialisierung und der insbesondere in den letzten Jahrzehnten zunehmenden Mobilität nicht nur aller Produktionsfaktoren, sondern insbesondere auch aller Arbeitskräfte kam es verstärkt zu einer Entzweiung der Wohn- von der Arbeitsstätte. In Kleinstädten zeigt sich dessen Ausmaß bereits heute mehr als deutlich, da sie, wie bereits oben erwähnt, immer stärker nur als Wohnort fungieren, selbst die Versorgungsfunktion wird schon nicht mehr ausgefüllt. In Mittelzentren zeigen sich diese Entwicklungen ebenso, allerdings noch nicht in dessen Ausmaß. Noch werden alle weiteren Funktionen angeboten, doch deren Quantität und Qualität nimmt zunehmend ab und sie erhalten verstärkt Konkurrenz aus den Oberzentren.

Funktion Wohnen:

Zwar zeigt sich ähnlich wie in den Oberzentren auch in Mittelzentren die Tendenz, dass sich Wohnen vielfach in den Vororten etablierte, doch konnte das innerstädtische Wohnen in Mittelzentren nicht nur direkt in den Fußgängerzonen bzw. unmittelbaren Innenstädten, sondern auch sehr innenstadtnah aufrechterhalten werden. In den Oberzentren dominieren die Einkaufsstraßen ganz deutlich und nach Schließung der Ladenlokale werden sie kaum noch frequentiert, mit all den daraus z. T. resultierenden Problemen. Zwar nahm die Wohnbevölkerung auch in den Innenstädten der Mittelzentren ab, doch der Wohnraum blieb zum Teil erhalten, so dass heute in den Obergeschossen, in Seitenlagen oder in Hinterhöfen relativ schnell idealer Wohnraum für neue Nachfragegruppen geschaffen werden kann. Dies eben nicht nur für Studenten, sondern zunehmend insbesondere für junge, mittlere und ältere Singles, die als (wieder) Alleinstehende die Erlebniswerte der Innenstädte anders bewerten als jene in den Vororten.

Funktion Kultur/Freizeit/Bildung:

Der Kultur- und Freizeitwert unserer unmittelbaren Umgebung gewinnt immer mehr an Bedeutung. Er hat nicht nur eine immense Bedeutung für das Image einer Stadt, sondern auch hinsichtlich der Bildung, der Arbeitsproduktivität und der Aufenthaltsdauer von Besuchern. Je vergleichbarer alle anderen Funktionen in Städten ausgeprägt sind, um so strategisch bedeutender wird der Kultur- und Freizeitwert. Gut dotierte Fachkräfte lassen sich nur in Räumen nieder, in denen die Lebensumweltqualität für ihre Familie optimal ausgeprägt ist. Die Ausstattung mit Bildungsorganisationen, die Erreichbarkeit und Einkaufsangebote gehören dabei sicherlich zu den Basisfaktoren. Kultur- und Freizeitangebote dagegen eröffnen Herausforderungen und Kommunikationspotenziale.

Funktion Arbeiten:

Mittelzentren verfügen meist noch über einen positiven Pendlersaldo, d.h. oftmals kommen mehr Menschen zum Arbeiten in die Stadt als sie sie verlassen. Doch auch hier zeigen sich erhebliche Veränderungen: abnehmende Industrie- und zunehmende Dienstleistungsarbeitsplätze, home office, Internetkäufe u. ä. Dabei zeigen sich nicht nur Verschiebungen zwischen den Sektoren, sondern auch innerhalb dieser. Auch der Dienstleistungssektor steht vor erheblichen Anpassungen, die Entlassungen im Versicherungs-, Medien- oder Bankenbereich zeigen dies mehr als deutlich. Umso bedeutender ist die Aufrechterhaltung, Sicherung und Neugewinnung von Arbeitsplätzen. Gerade in Mittelzentren existieren oftmals für die Stadt große Unternehmen, mit dessen Entwicklung auch die Stadt eng zusammenhängt. Strukturveränderungsprozesse müssen insofern frühzeitig erkannt und begleitet werden. Leider wird eine Wirtschaftsförderungspolitik seitens der Kommunen oftmals viel zu sehr aus der Verwaltungssicht praktiziert und dominiert. Einen interessanten und viel versprechenden Ansatz liefert das Clustermodell von Michael E. Porter.

Funktion Einkaufen:

Oberzentren versuchen ganz massiv Kaufkraft aus den umliegenden Mittelzentren zu ziehen. Das Gesetz der Größe und der Marke bzw. Bekanntheit spielt sicherlich eine ganz entscheidende Bedeutung. Allerdings birgt dies auch für die Oberzentren gewisse Risiken in sich, denn zum einen werden riesige Verkaufsflächen an den Eingangs- oder Ausfallstraßen und in den Gewerbegebieten neu ausgewiesen. Insbesondere die großen Möbelhäuser mit einem zunehmend größeren Anteil von innenstadtrelevanten Sortimenten, die Fachmarktzentren und kleine Einkaufsparks bilden auch aufgrund ihrer empfundenen Kosten-Leistungs-Bewertung und ihrer Services eine von der Kernstadt unabhängige

Marktmacht. Zum anderen entwickeln sich die Innenstädte von Oberzentren immer stärker zu monokausalen Räumen, in den nur noch eingekauft werden kann. Außerhalb der Öffnungszeiten verlieren diese Räume fast die komplette Frequenz.

Der noch existierende Vorteil für Mittelzentren besteht in der sich zwar relativierenden, aber immer noch vorhandenen multifunktionalen Aufstellung der Innenstädte. Damit bieten sie zu fast jeder Zeit attraktive Aufenthaltswerte, die sicherlich ein Kostenbestandteil (für die Kommune, den Eigentümern und den Pächtern/Mietern), aber eben auch ein authentisches und lebendiges Imagekennzeichen einer gewachsenen Stadtstruktur sind.

Für Mittelzentren gilt es nun umso mehr, diese (optimale) Multifunktionalität wenn möglich so lange wie möglich zu erhalten. Die verschiedensten Instrumente und Maßnahmen wurden dafür bereits eingesetzt. Einige von ihnen werde ich später noch intensiver behandeln. Zu ihnen zählen beispielsweise: das Stadtmarketing, das Flächen- bzw. Leerstandsmanagement, der Bau von Einkaufszentren, die BIDs, die aktive Akquise von so genannten Ankern u. v. m. Doch nicht alle von ihnen führen zu optimalen Funktionswerten, sondern sind abermals von bestimmten Erfolgsfaktoren und -bedingungen abhängig.

Nicht nur, dass in Mittelzentren die Bedingungen für eine optimale Funktionalität ideal sind, Mittelzentren verfügen aufgrund ihrer regionalen Verankerung, mittleren Größe, Erreichbarkeit und der räumlichen Transparenz auch über regionalökonomische und –ökologische Vorteile gegenüber Oberzentren, so dass eine regionalkulturelle Identität zu spürbaren stadtraumökonomischen Standortvorteilen führt.

In den vielfältigsten Diskussionen, bei Reden oder bei der Etablierung der unterschiedlichsten Maßnahmen wird von Politikern, Verwaltungsbeamten, Unternehmern, Verbandsrepräsentanten oder Anderen immer wieder der kommunale Wettbewerb zitiert. In bestimmten Punkten sind andere Kommunen immer besser und das Handeln der Anderen wird oft als Rechtfertigung eigener Forderungen verwendet. Sicherlich gibt es auch best practice –Beispiele. Doch auf der anderen Seite existiert weder eine anerkannte Definition noch ein allgemein akzeptiertes Konzept der kommunalen Wettbewerbsfähigkeit. Dabei wird immer deutlicher, dass die Unternehmen in bestimmten marktnahen Räumen in ihren Verhaltensweisen und wirtschaftlichen Ergebnissen zunehmend von unternehmensfremden Faktoren abhängig sind, die sie selbst nur schwer beeinflussen können. Dazu zählen nicht nur die allgemeinen gesamtwirtschaftlichen Rahmenbedingungen oder internationalen Einflüsse. Auch die im dem standortnahen Aktionsraum des Unternehmens vorherrschenden Faktoren, wie Sitten und Gebräuche, Mentalitäten, kommunale und unternehmerische Kooperationen oder Abgabenlasten und Lebensqualitäten bestimmen ganz wesentlich die ability to produce/sell von Unternehmen, also die längerfristig angelegte Fähigkeit Produkte zu produzieren und im Markt abzusetzen. Kommunen können dagegen kaum eigene Leistungen absetzen, sondern lediglich mit zu einer optimalen Koordination von gemeinschaftlichen Prozessen und Projekten beitragen. Dabei gilt, es eine zunehmende Auslastung und ein Wachstum einer Stadtraumökonomie zu bewerkstelligen. Eine entsprechende potenzialorientierte Politik der Binnenorientierung mit einer Ressourcenbindung vor Ort ist wesentlich effizienter und nahe liegender als eine der Ressourcengewinnung von außen. Denn sowohl innerdeutsche Standortverlagerungen von Unternehmensbestandteilen als auch eine massive konsumorientierte Kaufkraftgewinnung aus den umliegenden Oberzentren sind, wenn überhaupt, nur über unverhältnismäßig hohe Einsätze erzielbar. Effizienter und effektiver sind die Förderungen von Unternehmen vor Ort und die Rückgewinnung von Kaufkraftabflüssen. Bei den Investitionsflüssen und den Konsumerfordernissen zeigt sich relativ deutlich, dass nicht eindimensionale Argumentationsketten die Entscheidungen definieren, sondern dass eine Vielzahl von unterschiedlichen Faktoren die Richtung vorgibt.

Aufgrund dessen lässt sich eine Stadt bzw. kann sich eine Stadt als eine bestimmte Art öffentliches Gut auffassen, für das sie ein Image aufbauen möchte, um sich im Markt als Marke zu positionieren. Deutlich sollte nur sein, in welchem Markt sich die Stadt befindet, als welches Produkt die Stadt sich verkauft, an wen sie verkauft und wie wer integriert werden muss, um das Produkt jedes Jahr wieder neu aufzulegen. Klar, das Produkt Stadt ist ein öffentliches Gut, denn sowohl die Rivalität im Konsum als auch ein Ausschluss ist kaum vorhanden bzw. politisch, technisch, ökonomisch oder gesellschaftlich nicht durchsetzbar. Doch neben der Nachfrageseite muss das Produkt Stadt insbesondere auch über die Angebots- bzw. Produzentenseite betrachtet werden. Die vielfältigsten und unterschiedlichsten Partner sind erstmal unabhängig voneinander an der Herstellung und Bereitstellung dieses Produktes beteiligt. Aufgrund dessen ist es ein gemeinschaftliches Gut, zu dem sowohl der Hauseigentümer, der Filialist, der Facheinzelhändler, die kommunale Verwaltung, die Politiker, der Künstler, der Arbeiter, der Unternehmer u. v. a. m. als auch die Bewohner, die Besucher oder die Medien ihren Beitrag leisten, positiv oder negativ. Dieses Gut lässt sich angebotsorientiert als ein PPP-Gut charakterisieren, als ein PrivatePublicPartnerschaftsGut.

All diese beteiligten Gruppen haben selbstverständlich unterschiedliche Kriterien für deren individuelle Bewertung dieses Produktes. Dieses hängt auch von der jeweiligen funktionalen Betrachtung ab. Doch ist es in den letzten Jahren für viele Beteiligten immer deutlicher geworden, das der eigene Nutzen bzw. die eigenen Erlöse (und Kosten) immer stärker von den Verhaltensweisen und den Entwicklungsprozessen innerhalb dieses Stadtraumes abhängig ist. Solange steigende Wachstumsraten und Prosperitäten ausbleiben oder sich relativieren und sich insofern zunehmende intrastadträumliche Wettbewerbe abzeichnen, desto stärker zeigen sich die gegenseitigen Abhängigkeiten. Oftmals werden diese Interdependenzen noch nicht bewusst in die eigenen Entscheidungsprozesse aufgenommen, doch deren zunehmende Merklichkeit wird allgemein stärker wahrgenommen, negativ und positiv. Offensichtliche Beispiele sind: (1) länger bestehende einzelne Leerstände haben Einflüsse auf die subjektive Bewertung des Umlandes, die Folge sind oftmals zunehmende Leerstände; (2) Verunreinigungen der unterschiedlichsten Art in bestimmten Bereichen führen zu Unsicherheitsgefühlen, so dass diese Räume gemieden werden; (3) jeder wünscht sich Ladenlokale in der unmittelbarer Nähe von so genannten Ankern, um von dessen Frequenzen zu profitieren; (4) ein bestimmtes positives Image einer Straße hat Wirkungen auf jenes einzelner Ladenlokale. Gleiches gilt selbstverständlich für die Verhaltensweisen aller anderen Beteiligten.

Wenn dem so ist – und dass das so ist, zeigen immer stärker die zitierten kommunalen Wettbewerbsszenarien – bedarf es der Organisation zur Förderung und Entwicklung der positiven (und Vermeidung der negativen) interdependenten Wirkungen. Insofern kann die Rechtfertigung zum Eingriff in diesen freiheitlichen und marktwirtschaftlichen Prozess darin gesehen werden, dass sich die in den letzten Jahren vollzogenen marktwirt- und gesellschaftlichen Entwicklungen insbesondere in den Innenstädten als aus Konsumentensicht unbefriedigend herausgestellt haben – also das Marktergebnis oftmals abgelehnt wird. Dies führte in den jeweils betroffenen Bereichen zu vielfältigen Forderungen an die eigene Klientel, an die Verwaltung und an die Politik. Antworten fand man in neuen Organisationen oder bestimmten Maßnahmen: ehemals Werbegemeinschaften, verkaufsoffene Sonntage oder Fußgängerzonen und moderner im ganzheitlichen Stadtmarketing, Kundenbindungsmitteln oder Einkaufszentren.

Eine strategische Stadtentwicklungspolitik, obwohl oftmals gefordert, nahm sich allerdings nur in den seltensten Fällen diesen Herausforderungen an. Eine ganzheitliche bzw. mehrfunktionale, mittelfristige bzw. nachhaltige und sowohl problemadäquate als auch strategische Ausrichtung der planenden Stadtentwicklung fand nicht statt. Stadtmarketing beispielsweise wurde oftmals mehr als Veranstaltungsmanagement und oberflächiger Leitbildproduzent verstanden denn als strategischer Partner eines wahrhaftigen integrierten Handlungskonzeptes zur Zukunftsorientierung der Stadt.

Um nicht missverstanden zu werden, es existieren viele gute Beispiele von Stadtmarketing in Deutschland. Doch mein Eindruck ist, dass das Instrument Stadtmarketing in den wenigsten Fällen umfassend verstanden wurde. Es wurde in den 1990er Jahren mit Landesmitteln gefördert, um in den Innenstädten unter breiter Beteiligung und in Kooperation zwischen der Stadt und Privaten eine Attraktivitätssteigerung zu erzielen. Die so an das Stadtmarketing gestellten Erwartungen waren immens, die Ressourcenausstattung meistens allerdings minimal und die Akzeptanz musste vielfach erst nach allen Seiten erarbeitet werden.

Stadtmarketing war Kümmerer, Entwickler, Produzent, Macher, Koordinierer, Visionär, Problemlöser u. v. a. m. Stadtmarketing war mitten drin, aber eben auch zwischen allen Stühlen. Mit den anfänglichen Fördermitteln wurden viele dieser PrivatePublicPartnerships in Form einer GmbH organisiert. Doch je höher die allseitigen kurzfristigen Erwartungen aufgrund des Problemdrucks wurden, je stärker die beteiligten Unternehmen aufgrund der gesamtwirtschaftlichen Rahmenbedingungen ihre Beteiligungen unter dem Aspekt der direkten Produktbegegnung oder Rendite betrachteten, je geringer das ehrenamtliche Engagement wurde und je deutlicher den Politikern ihr relativierter Einfluss wurde, desto höher wurden die intern verursachten Transaktionskosten und desto weniger offensichtlich die Ergebnisse des Stadtmarketings. Selbst auf den zahlreichen Tagungen und Konferenzen wurden weder Erfolgsfaktoren für das zielorientierte Stadtmarketing noch für die funktionale Entwicklung der Stadt fundiert diskutiert. Zwischen Kleinstädten, Mittel- und Oberzentren wurde kaum unterschieden und insofern Probleme wie Sauberkeit, Leerstände, Einkaufszentren und Stadtidentitäten lediglich über best-practice-Beispiele behandelt. Welche umfassend akzeptierten konkreten oder strategischen Ziele Stadtmarketing jedoch zu erreichen hatte, wurde nur selten definiert. Insofern kam es auch zu unterschiedlichen organisatorischen Weiterentwicklungen. Einerseits bildeten sich kommunale Einheiten, die mit neuen Aufgaben betraut wurden (Tourismus oder Wirtschaftsförderung etc. mit Marketing), andererseits wurden verstärkt freiwillige kommunale Aufgaben privatisiert oder outgesourct (Marketing mit Tourismus oder Kultur etc). Zwei Dinge sind an dieser Entwicklung bemerkenswert: zum einen beharrte die öffentliche Hand mit der Politik grundsätzlich auf ihrem Einfluss trotz geringerer finanzieller Beteiligung und zum anderen suchten sich die Stadtmarketingorganisationen selbst Bündnispartner, die ihnen kurzfristig eine Existenzsicherung versprachen. Welche Organisationskooperationen oder Beteiligungen jedoch zielorientiert am effizientesten zu sein schienen, wurde meines Wissens nach so gut wie nie diskutiert. Dafür hätte es auch einer konkreten Problemsicht und somit Aufgabenstellung bedurft. Zwar wurde diese Entwicklung auch seitens des damals zuständigen NRW-Ministeriums für Städtebau, Wohnen, Kultur und Sport erkannt und das so genannte Stadtmarketing der 2. Generation etabliert. Von einer grundsätzlichen Förderung ging man nun insofern auf eine projekt- und problemorientierte Förderung über, indem man das Leerstandsflächenmanagement, die Immobilien- und Standortgemeinschaften, den Städtetourismus, die Stadtkultur und die regionale Vermarktung z. B. über Modellstädte förderte. Damit gewann das Stadtmarketing eine neuartige Grundlage, doch mit den bis dato etablierten Strukturen auch zunehmenden Herausforderungen, die zum Teil andersartiger Fachkompetenzen bedurften.

Wenn das Produkt Stadt ein öffentliches Gut ist, das von den vielfältigsten Beteiligten produziert wird und bei dem die Leistung des Einen einen merklichen Einfluss auf die des Anderen hat, dann liegt die Aufgabenstellung und Zielsetzung für Mittelzentren klar auf der Hand. Es gilt ein Produkt Stadt (weiter-) zu entwickeln, durch das die maximale Lebensumweltqualität der Bevölkerung mittels einer optimalen Mehrfunktionalität innerhalb der Stadt zu gewährleisten ist.

Bevor ich darauf eingehe, wie diese Zielsetzung zumindest für Mittelzentren erreicht werden könnte, möchte ich noch kurz auf weitere Instrumente einer Stadtentwicklungspolitik eingehen, die heute für eine funktionale Aufwertung der Innenstädte als Einkaufsorte (z. T. sogar als Kulturorte) genutzt werden.

Wie dargelegt sind die Problemlagen von Innenstädten in Mittelzentren massiv und vielschichtig. Da Städte in ihrer Geschichte vielfach durch ihre Funktion als Markt gegründet wurden und sich entsprechend entwickelt haben, wird die Situation im innerstädtischen Einzelhandel oftmals als Kennzeichen der gesamten funktionalen Bewertung der Stadt genutzt. Dies ist sicherlich zu einseitig, wird jedoch allgemein und vordergründig so gesehen. Somit rechtfertigt sich heute oftmals der eingeengte Blick auf Investitionen in den innerstädtischen Einzelhandel durch den Bau und den Betrieb von Einkaufszentren. Aufgrund der relativen Größe der Investitionen und der Verkaufsflächen zu dem etablierten Einzelhandel dominieren diese die öffentliche Diskussion und die öffentlichen Maßnahmen zur Attraktivitätssteigerung der Funktion des Einkaufens in Mittelzentren. Über die positive Begleitung dieser Investitionen seitens des überwiegenden Teils der Politik und der Verwaltung wird dem Bürger eine Problemlösungskompetenz und eine Entscheidungsfreudigkeit suggeriert, die der vermeintlichen Politik(er)verdrossenheit begegnet. Allerdings existieren in den wenigsten Fällen klare stadtentwicklungsstrategische Szenarien und Konzeptionen, die auch das Instrument der Einkaufszentren einordnen. Für Politiker und Verwaltungsmanager ist es oftmals individuell erfolgreicher, sich mit einer (externen) Investition zu profilieren als ein umfangreiches und teures Maßnahmenbündel zur Attraktivitätssteigerung mit vielen Beteiligten abschließend zu beraten und umzusetzen. Ersteres ist zudem kurzfristig Erfolg versprechender, während letzteres erst mittelfristiger und ohne große Öffentlichkeit wirken würde. Eine Betrachtung der Risiken unterstützt diese Vermutung, denn ein Einkaufszentrum wird vermutlich in den ersten Jahren aufgrund des neuen Angebotes grundsätzlich profitieren, während eine vielschichtigere Attraktivitätssteigerung von vielen Menschen mittelfristig bezweifelt bzw. kaum wahrgenommen wird. Die kurzfristige Erfolgsorientierung steht zudem aufgrund der Wahlzyklen bei den Fraktionsträgern, Bürgermeistern oder Räten im Vordergrund, ebenso wie bei den durch ein solches Zentrum profitierenden Partnern, wie z.B. den Medien (Anzeigenvolumen). Eine längerfristige Verantwortung müssen sie im Gegensatz zu den vielen innerstädtischen Mitbewerbern nicht übernehmen. Es scheint doch immer noch vielfach das Gesetz der großen Zahl zu dominieren, zumindest gegenüber dem der qualitativen Individualität. Wie wir in den 1960er Jahren in jedem Ortsteil ein Hochhaus brauchten, so brauchen wir halt heute in jeder Stadt ein großes Einkaufszentrum und eine bestimmte Mindestzahl an Ampeln, Kreisverkehren oder vierspurigen Straßen.

Aber Spaß oder Polemik ein wenig Beiseite, ich möchte mich damit keinesfalls grundsätzlich gegen Einkaufszentren in Innenstädten aussprechen, sondern dieses Instrument lediglich als Beispiel nutzen, wie wenig fundiert derzeit meiner Ansicht nach die innerhalb des Stadtraumes Verantwortlichen mit Maßnahmen umgehen, die die gesamte längerfristige Entwicklung von multifunktionalen Stadträumen beeinflussen. Dies gilt eben insbesondere für Stadträume in Mittelzentren, in den diese Investitionen sehr schnell zwischen 20% und 40% der bestehenden Verkaufsflächen ausmachen und somit in Innenstadtbereichen das Image der gesamten Stadt entscheidend prägen. Oftmals werden diese Investitionen auch auf ursprünglich städtischen bzw. öffentlichen (Brach-)Flächen durchgeführt, wodurch die Kommunen zusätzliche Vorteile erzielen: Verkaufserlöse und die Vermeidung von Unterhaltungskosten oder öffentlichen Investitionen. Ich hoffe ganz stark, dass sehr schnell diejenigen Projektentwickler in den Mittelzentren nicht mehr zum Zuge kommen, die großstädtisches Flair durch Größe und unternehmerisches Corporate Design auf Mittelzentren überstülpen, die mit der stadtkulturellen Identität und optimalen Mehrfunktionalität dieses einzigartigen Stadtraumes nichts zu tun haben. Auf der anderen Seite hoffe ich allerdings auch, dass wir uns viel intensiver mit der zukünftigen Entwicklung unserer Stadträume befassen. Stadtentwicklung ist nicht nur ein marktwirtschaftlicher Prozess, sondern eines der bedeutendsten Instrumente zur Gestaltung der optimalen Funktionalität von Stadträumen zur Maximierung der Lebensumweltqualität. Stadtmarketing muss insofern verstanden werden als ein wichtiges ergänzendes Instrumentarium, um die für die optimale Funktionalität benötigten Partner, Konzepte, Informationen oder Koordinationen u. v. a. m. auf möglichst effektiver Art und Weise bereit zu stellen.

Ich führte es schon mehrfach aus, in Kleinstädten dominieren mittlerweile Dienstleistungs- und Wohnbereiche. In Großstädten finden wir dagegen in den Innenstädten fast ausschließlich Handelsflächen vor. Entscheidend sind hierfür sicherlich die Entwicklungen der Mieten, die sich den Marktprozessen anpassen. Waren ursprünglich auch in guten Lagen der Kleinstädte noch mittels einzelhandelsrelevanter Angebote gute Pachten zu erzielen, so relativieren sich diese auch in 1b-Lagen der noch funktionierenden Mittelzentren. Dienstleistungen oder Wohnungen übernehmen diese Räume, wodurch die Frequenzen noch stärker abnehmen und sich der Handel fast vollständig zurückzieht.

Wie hat nun jedoch eine optimale Mehrfunktionalität von Mittelzentren auszusehen bzw. wie ist diese auch heute noch zu erzielen und zu sichern? Wie sind die Stadträume optimal zu nutzen und zu gestalten, um die maximale Lebensumweltqualität zu gewährleisten? Was heißt hier eigentlich Optimalität und Maximalität? Und wovon werden sie bestimmt?

Eine optimale Mehrfunktionalität ist meines Erachtens dann gegeben, wenn ein ausreichend hoher Anteil von Bewohnern oder Nutzern der Innenstadt eines Mittelzentrums diese unterschiedlichen Funktionen gemeinschaftlich nutzt und diese Angebote in ihrer Mehrfunktionalität spürbare interdependente Wirkungen verursachen. (siehe oben: hoher Grad des Verbleibs) Um jedoch erfolgsorientierte Maßnahmen zum Aufbau dieser Optimalität einzusetzen, bedarf es erstmal Analysen, wovon die Höhe der Anteile der jeweiligen Funktionen und deren Qualitäten abhängen. Insofern müssen Vergleichsstudien, komparativ-statische Entwicklungsanalysen und realistische Alternativszenarien unternommen und aufgebaut werden, um zu nutzbaren Aussagen kommen zu können. Erst darauf können sich politikökonomische und politikwissenschaftliche Analysen beziehen, die Instrumente oder Maßnahmen zur Zielerreichung bewerten.

Aus dem heutigen Fundus der Instrumentenkästen ragen neuerdings Werkzeuge wie die der Business Improvement Districts bzw. der Immobilien- und Standortgemeinschaften oder die der integrierten Handlungskonzepte heraus. Beide bedürfen nach heutigem Erfahrungsstand zwischen den Beteiligten allerdings bereits einen bekundeten Willen zur gemeinschaftlichen Vorgehensweise. Dieser kann dort schneller und wahrhaftiger erzielt werden, wo die Interessen gleichgerichteter vorliegen. Wobei bei den integrierten Handlungskonzepten zumeist ganze Innenstädte oder Stadtteile Grundlage der Betrachtung sind, beziehen sich BIDs bzw. ISGs auf kleinteiligere innerstädtische Räume. Oftmals sind es einzelne Quartiere oder Straßenzüge. Klar, das kennen wir, je kleiner die Gruppe ist, je homogener die Problemlage und die Interessen sind, je merklicher die Interdependenzen sind und je enger die Betroffenen gemeinsam kommunizieren, desto erfolgreicher bzw. nachhaltiger kann diese Gruppe gemeinschaftlich agieren. Oftmals bedarf es lediglich eines Koordinators bzw. Kommunikators, um Betroffene zu Beteiligten zu machen. Doch sich heute gemeinschaftlich der Problemlage bewusst zu werden, ist das eine – sicherlich leichte, dagegen gemeinschaftlich seine Potenziale und Chancen zu erkennen und zu nutzen etwas ganz anderes – und sicherlich schwerere. In kleinteiligeren Stadträumen existieren unter solchen Voraussetzungen immense Erfolgsmöglichkeiten mit Hilfe des bereits oben angesprochenen Konzeptmodells von Michael E. Porter, dem der Cluster. Unter bestimmten Voraussetzungen könnte dies ebenfalls für ganze Stadträume gelten, die dann über diese Orientierung sich zu einer Marke entwickeln könnten bzw. sich als solche im Markt versuchen zu positionieren (z. B. die Bücherstadt, die Künstlerstadt Worpswede, die Universitätsstadt Tübingen etc.). Im Zusammenhang mit einer ISG muss ein kleinteiligeres Cluster als ein zwar vorhandenes, jedoch ausbaufähiges Potenzial verstanden werden, das für alle Beteiligten (bzw. für eine kritische Masse überschreitende Anzahl) als ein

Wachstumspool aufgefasst werden muss. Mittels dieses gemeinsamen Clusterpotenzials ließen sich sowohl Image- und Alleinstellungswerte, Unternehmenssicherungs- und -entwicklungskonzepte als auch Kooperations- und Netzwerkeffekte realisieren. Beispiele für diese Clusterbildungen sind die Angebote an Autohöfen an Autobahnen, FactoryOutletCenter a la Boss in Metzingen, Häuser des Möbels u. v. a. m. Ökonomisch begründen lassen sich diese Cluster zudem durch Informationsvorteile (angebots- und nachfrageorientiert), Kosteneinsparungen oder Innovationsgewinnen. In einem unsortierten innerstädtischen Marktraum lassen sich so in heutigen 1b-Lagen bestimmte Cluster entwickeln, die eine gemeinschaftliche Zielgruppe ansprechen und vor der eine Sicherung und Entwicklung des Standortes erwartet wird. Um derartige Entwicklungen zu initiieren bedarf es allerdings oftmals der Unterstützung dieser Initiativen, denn die Beteiligten selbst haben nur eingeschränkt Möglichkeiten, sich einer solchen Zielsetzung intensiv zu widmen.

Damit ist abermals die Frage der Organisation von strategischen und operationalen Stadtentwicklungsprozessen aufgeworfen. Wenn die Stadt bzw. der Stadtraum ein öffentliches Gut ist, wenn individuelle Verhaltensweisen innerhalb des Stadtraumes merkliche Interdependenzen zwischen den unterschiedlichsten Akteuren auslösen und wenn die Lebensumweltqualität entscheidend von der Multi-Funktionsfähigkeit des Stadtraumes abhängt, dann müssen Organisations- und Entscheidungsprozesse diese vielfältigen Beteiligungen und Kompetenzen aufgreifen. Weder können wir heute unsere Stadt so gestalten, wie Planer sie oftmals gezeichnet haben (man denke nur an innerstädtische Straßenbauten oder Einkaufszentren), noch können wir die Stadt der freien Marktwirtschaft überlassen. Aber wir können und müssen gemeinsam mögliche Entwicklungsstränge diskutieren und kommunizieren. Dabei gilt es sowohl möglichst effektiv zu sein, also die richtigen Dinge zu tun, als auch effizient zu handeln, also die Dinge richtig zu tun. Dabei fühle ich mich an einen Satz von Friedrich List erinnert, der 1816 sagte: „Schon seit es Steuern gibt, hat man nach dem besten System geforscht, und wenige Staaten nur haben ein leidliches erschaffen. ... Dieser Stein des Anstoßes wird auch solange nicht aus dem Wege geräumt, als es Menschen gibt, welche ihren Privatvorteil höher erachten, als das Gemeinwohl. Demnach können wir ruhig den Zeitpunkt eines vollkommenen Steuersystems auf das Jahr 2816 hinaussetzen." Na ja, seitdem sind mittlerweile fast 200 Jahre vergangen, und noch immer gibt es nur ein leidliches Steuersystem. Damit hängt sicherlich ganz eng auch die Effizienz und Effektivität von öffentlichen Gütern ab. Es bedarf insofern noch vielfältiger Instrumente und Organisationsmodelle – auch zur Erreichung einer optimalen Funktionalität von Stadträumen.

Ich weiß, ich weiß, Sie haben es gemerkt, ich schwimme bei einer weiteren Stellungnahme zu der organisatorischen Ausgestaltung dieser Aufgabenstellung. Vielleicht kann ich mich folgendermaßen elegant aus der Affäre ziehen: bevor die Organisationsform auch nur hinreichend beschrieben werden kann, sollte noch weiter detaillierter zu den Prozessen und Instrumenten Stellung genommen werden. Der Weg ist das Ziel und über den Weg kommen wir ja erst ans Ziel. Viel zu früh wird oftmals die Organisationsfrage gestellt, wodurch dann rechtliche Fragen in den Auseinandersetzungen dominieren. Bedeutender hingegen ist die frühzeitige Gestaltung der Prozesse. Mir liegen beispielhaft zwei Wege vor, die meiner Ansicht nach in optimaler Art und Weise beteiligungsorientiert eine problem- und potenzialorientierte Status quo–Analyse, einen Möglichkeitenraum und Zielsetzungen formuliert haben. Zum einen der Bonner Prozess der integrierten Handlungskonzepte und zum anderen der wahrhaftige Leitbildprozess von Celle. Inwieweit diese die in sie gesetzten Erwartungen und Ziele erreicht haben, ist mir allerdings nicht bekannt.

Zu guter Letzt möchte ich nur noch kurz auf eine mögliche Strategie für ganze Stadträume eingehen. Wie dargestellt, kann es Clusterbildungen innerhalb eines Stadtraumes geben. Dazu gehören marktwirtschaftlich gebildete Cluster – über Hotellings Eisverkäufer (z.B. die Ansiedlung von Autohäusern in unmittelbarer Nachbarschaft) – als auch Cluster, die über eine aktive Innovationsförderung aufgebaut wurden. Ähnlich wie eine Clusterisierung für eine ISG ein erfolgsorientiertes Instrument sein kann, ist diejenige für einen Stadtraum denkbar. Dazu ist eine strategische und inhaltliche Orientierung erforderlich, die einerseits ein zukunftsfähiges Wachstumspotenzial und die andererseits eine gewisse Alleinstellung beinhaltet. Die Identifizierung eines solchen Potenzials kann nur mit denen gelingen, die fachkompetent die Märkte und Möglichkeiten vor Ort intensiv kennen. Da diese Clusterorientierung für den gesamten Stadtraum als Image- und Markenwert genutzt werden soll, ist nicht die Quantität des Clusters, sondern die Qualität, die Innovations- und Marktfähigkeit und die ihr gewidmete öffentliche Aufmerksamkeit für den stadtraumökonomischen Erfolg entscheidend.

Eine Clusterisierung ist durchaus vergleichbar mit einem Theming, allerdings ist letzteres stärker als Marketinginstrument zu verstehen und nachfrageorientiert. Clusterisierung dagegen bedeutet eine aktive Entwicklungsorientierung des gesamten Stadtraumes. Sie ist auch längerfristig durch eine aktive Innovations- und Wirtschaftsförderungspolitik zu untermauern und immer wieder zu positionieren. Durch sie werden vielfältige cross-over-Wirkungen sichtbar, durch die marktfähige neue Produkte oder Dienstleistungen entstehen können, die ohne die entsprechende Atmosphäre innerhalb dieser räumlichen Nähe nicht denkbar gewesen wären. Insbesondere im Bereich der Kulturwirtschaft schlummern immense Potenziale!

Autorenverzeichnis

Prof. Dr. Ulrich Kazmierski ist Professor für Wirtschaftswissenschaften am Fachbereich Verwaltungswissenschaften der Hochschule Harz (FH) in Halberstadt.

Dr. rer. pol. Detlev Landmesser ist Finanzjournalist beim Hessischen Rundfunk in Frankfurt/Main. Von 1996 bis 1999 war er Wissenschaftlicher Mitarbeiter bei Prof. Dr. Schmidt in Paderborn.

Dr. oec. Klaus Schafmeister ist Geschäftsführer der Detmold Marketing GmbH. Promotion zum Dr. oec. an der Universität Stuttgart-Hohenheim 1992 und wissenschaftlicher Assistent am Lehrstuhl für Wirtschaftspolitik an der Universität Paderborn bis zum Jahr 2000.

Dr. rer. pol. Oliver Sievering ist Referent bei der Industrie- und Handelskammer in Düsseldorf. Professor Dr. Schmidt betreute seine Doktorarbeit zum Thema: „Pflegeversicherung: Allokative, meritorische und distributive Aspekte staatlicher Eingriffsmöglichkeiten".

Diplom-Volkswirt Andreas Wiendl, der Zeit nach letzter wissenschaftlicher Mitarbeiter bei Prof. Dr. Karl-Heinz Schmidt,(2000-2002), derzeit im Pharmawesen tätig und Doktorand an der Universität Paderborn.

Dr. rer. pol. Michael Wüstenbecker ist Leiter des Stabsbereichs Politik der Kassenärztlichen Vereinigung Westfalen-Lippe. Er war von 1992 bis 1995 wiss. Mitarbeiter von Professor Dr. Schmidt, der auch seine Doktorarbeit zum Thema "Armut und Armentransfers" betreute.

FSC
www.fsc.org
MIX
Papier | Fördert
gute Waldnutzung
FSC® C083411

Kolibri 360 GmbH
Ferdinand-Jühlke-Straße 7
99095 Erfurt, Deutschland
produktsicherheit@kolibri360.de

Druck:
CPI Druckdienstleistungen GmbH
im Auftrag der
Kolibri 360 GmbH
Ferdinand-Jühlke-Str. 7
99095 Erfurt